高等院校经济管理类主干课程教材

经管类 毕业论文写作

张执国 陈欣 卢卫华 张萍萍 陈玲 等◎编著

内 容 提 要

本教材以高等学校经管类应用型本科专业人才培养目标为出发点,结合经管类各专业人才培养特点和教学需要,在基本保持学科体系完整的基础上,突出应用性,力求满足经管类本科生教学需要。

本教材注重知识、能力、素质的融会贯通,综合运用服务设计理念,以读者为中心,将学习者的学习体验、教学者的教学体验统筹考虑进行设计,突出例证性(化无形为有形)和整体性。从读者的态度、认知和能力出发确定教材的起点,从契合读者的阅读习惯的视角思考教材内容及相关资源的展开模式,从读者的学习行为的敏感点出发思考教材内容的逻辑起点和素材选择,从读者的学习需求出发设计学习训练的内容及模式。

图书在版编目(CIP)数据

经管类毕业论文写作 / 张执国等编著. -- 上海:立信会计出版社,2025.3. -- ISBN 978-7-5429-7809-7

Ⅰ. F2

中国国家版本馆 CIP 数据核字第 202599VU50 号

策划编辑	孙　勇　吴佳璘	
责任编辑	孙　勇	
助理编辑	吴佳璘	
美术编辑	北京任燕飞工作室	

经管类毕业论文写作
JINGGUAN LEI BIYE LUNWEN XIEZUO

出版发行	立信会计出版社
地　　址	上海市中山西路 2230 号　　邮政编码　200235
电　　话	(021)64411389　　传　　真　(021)64411325
网　　址	www.lixinaph.com　　电子邮箱　lixinaph2019@126.com
网上书店	http://lixin.jd.com　　http://lxkjcbs.tmall.com
经　　销	各地新华书店
印　　刷	常熟市人民印刷有限公司
开　　本	710 毫米×1000 毫米　1/16
印　　张	13
字　　数	180 千字
版　　次	2025 年 3 月第 1 版
印　　次	2025 年 3 月第 1 次
书　　号	ISBN 978-7-5429-7809-7/F
定　　价	49.00 元

如有印订差错,请与本社联系调换

前言

本科毕业论文(设计)是对本科生所学专业理论综合运用能力的综合训练和终极检验,更是普通高等学校人才培养质量认定的方式之一。毛泽东曾指出,社会实践是检验真理的唯一标准。对于经管类本科学生而言,其四年中所学专业理论涉及社会经济活动的方方面面,毕业论文(设计)是检验学生能否运用所学专业理论对社会经济活动中的现实问题实现正确认识、系统分析和科学判断的必不可少的训练环节。

《普通高等学校本科专业类教学质量国家标准》(2018版)对各个专业大类的毕业论文(设计)提出了明确的要求。其鼓励经济学和管理学两大学科门类学生采取学术/科研论文、案例分析、调查报告、诊断报告、管理实验/模拟、创业设计/模拟等形式完成毕业论文(设计)。

"经管类毕业论文写作"课程的教学具有很强的实践性,如何在教学过程中提高学生的学习效果是亟待解决的问题,传统的毕业论文写作教材通常以大篇幅的文字表述为主,对读者的阅读友好性不足、启发性不够,学生学习起来往往难以达到应有的效果。为解决这个问题,我们组织有多年毕业论文指导经验的老师,从提升学生的学习效果出发,对教材进行了整体设计,重点突出教材阅读的顺畅性、理解的启发性、应用的示范性,以及对读者的亲和力。

本教材根据经管类毕业论文的整体写作过程构建内容体系,主要包括:经管类毕业论文选题、经管研究设计、毕业论文结构设计、学术研究型毕业论文撰写、调查报告型毕业论文撰写、案例分析型毕业论文撰写和经管类毕业论文答辩等七个章节。

本教材的整体表达风格突出体现为：沉浸化（以现实背景为依托，引导学生自主应用所学内容解决现实问题，在解决现实问题的过程中强化自身认知和思维能力）；逻辑化（内容形成系统化的完整逻辑结构，优选基于知识图谱的演绎逻辑表达最底层的教材内容）；活泼化（语言力求清新，符合青年人的认知心理，淡化学术语态，强化启发性和语言的友好性）；亲和化（尽可能使用生动图表，不使用呆板的纯文字叙述，可视化优先，形象化优先）；迁移化（课程思政素材重在思维能力的提升与引领，通过引文标注强化引导性，促进思维的高阶性转变）。

本教材中的教学目标及核心内容的知识表示主要采用框架表示法和脚本表示法。其中，框架表示法主要用来表达静态的知识、能力和素质目标；脚本表示法主要用来表达动态的知识运用、能力演进、高阶思维形成过程。

本教材的学习目标以图谱为依托，形成逻辑体系，重在表达知识的归纳或演绎逻辑，以开枝散叶模式渐次逐层展开。主体文字表达重在"文以辅图"，突出形象化、可视化表达，简化文字阐述。强化大逻辑→小逻辑→底层逻辑整体铺陈。同时，本教材在整体上突出应用逻辑，弱化学科逻辑，注重内容的实用性，增强内容的连贯性和学生阅读的便利性。教材每章都有三维教学目标图谱，每小节根据教材内容特点将具体内容逐层/逐步展开，把传统的核心文字转化为图谱，图谱最底层是读者可以轻松理解的层面。

本教材改变了传统的课后习题设计理念，以追求理解的教学设计（understanding by design，UbD）理念为依托进行综合设计，一是强化学习中知识体系的自主构建，读者按照图谱原理自选视角构建知识体系，突出整体逻辑性；二是能力生成训练对接实践过程，对重要的能力目标，给定背景来设置训练题目或任务，在训练任务设计中融入素质提升训练；三是在知识体系构建上突出思维的高阶性和创新视角的融合，在能力生成训练上体现挑战性与思维的高阶性的融合。

本教材由张执国、陈欣、卢卫华、张萍萍、陈玲(按照贡献度和工作量排序)等编著,王春雪、蔺蕊、张西鸿也参与了编写。本教材的具体撰写分工如下:

第一章由陈欣撰写,第二章由张萍萍撰写,第三章由王春雪撰写,第四章由卢卫华撰写,第五章由陈玲撰写,第六章由张西鸿撰写,第七章由蔺蕊撰写。全书由张执国负责统稿。

本教材为经管类院校毕业论文写作的指导用书,可以为经管类专业本科生的毕业论文撰写提供帮助,也可以作为经济管理工作者自学用书。

本教材如果存在不足及错漏之处,恳请广大读者批评指正。我们的邮箱是 2954462951@qq.com。

编者

2025 年 5 月

目录

第一章　经管类毕业论文选题 ……………………………………… 001
 学习导引 ……………………………………………………………… 002
 第一节　毕业论文选题的原则和来源 ……………………………… 002
  一、选题原则 ………………………………………………………… 003
  二、选题来源 ………………………………………………………… 006
 第二节　确定毕业论文选题的流程与方法 ………………………… 009
  一、确定选题流程 …………………………………………………… 009
  二、确定选题方法 …………………………………………………… 010
 第三节　毕业论文题目的拟订 ……………………………………… 012
  一、好题目的表征 …………………………………………………… 012
  二、毕业论文题目表述的常用范式 ………………………………… 015
 学习效果达成训练 …………………………………………………… 017

第二章　经管研究设计 ……………………………………………… 019
 学习导引 ……………………………………………………………… 020
 第一节　经管研究设计概述 ………………………………………… 020
  一、研究设计的含义与分类 ………………………………………… 020
  二、研究设计的目的与地位 ………………………………………… 024
  三、研究设计的一般过程 …………………………………………… 025
 第二节　研究目的确定与目标细化、分解 ………………………… 027
  一、研究目的确定 …………………………………………………… 027

　　二、研究目标细化 …………………………………………… 027
　　三、研究目标分解 …………………………………………… 028
第三节　分析单元与时间维度确定 …………………………………… 030
　　一、分析单元确定 …………………………………………… 030
　　二、时间维度确定 …………………………………………… 031
第四节　研究方式与分析方法确定 …………………………………… 033
　　一、研究方式确定 …………………………………………… 033
　　二、分析方法确定 …………………………………………… 043
第五节　结论构建 ……………………………………………………… 047
学习效果达成训练 ……………………………………………………… 049

第三章　毕业论文结构设计 …………………………………… 051

学习导引 ………………………………………………………………… 052
第一节　毕业论文结构设计概述 ……………………………………… 052
　　一、毕业论文结构设计概要 ………………………………… 053
　　二、毕业论文结构设计的双向价值 ………………………… 053
　　三、毕业论文结构设计的一般过程 ………………………… 054
第二节　毕业论文结构设计的内容 …………………………………… 055
　　一、绪论 ……………………………………………………… 055
　　二、本论 ……………………………………………………… 057
　　三、结论 ……………………………………………………… 058
第三节　常见的毕业论文结构 ………………………………………… 059
　　一、学术研究型论文的结构 ………………………………… 060
　　二、应用研究型论文的结构 ………………………………… 061
　　三、调查报告型论文的结构 ………………………………… 062
　　四、案例分析型论文的结构 ………………………………… 065
学习效果达成训练 ……………………………………………………… 067

第四章　学术研究型毕业论文撰写 … 069

学习导引 … 070

第一节　学术研究型毕业论文的内在逻辑 … 070

第二节　摘要与关键词 … 071
- 一、摘要 … 071
- 二、关键词 … 072

第三节　绪论 … 075
- 一、绪论的含义与内容 … 075
- 二、研究背景 … 076
- 三、研究目的与意义 … 078
- 四、国内外研究现状 … 079
- 五、研究方法及研究思路 … 086

第四节　相关理论概述 … 089
- 一、相关理论内容 … 089
- 二、相关理论的写作规范 … 090

第五节　问题分析与对策提出 … 091
- 一、问题分析 … 091
- 二、现状、问题成因分析 … 096
- 三、对策分析 … 100

第六节　结论、参考文献与附录 … 101
- 一、结论 … 101
- 二、参考文献 … 103
- 三、附录 … 105
- 四、图表及公式 … 106
- 五、论文结构和篇幅 … 108

学习效果达成训练 … 109

第五章 调查报告型毕业论文撰写 …… 111

学习导引 …… 112

第一节 调查报告概述 …… 112
一、调查的含义、原则与特点 …… 112
二、经管类调查分析的一般过程 …… 114
三、调查报告的基本结构 …… 115

第二节 题目、摘要与关键词、目录的写作方法 …… 117
一、题目 …… 117
二、摘要与关键词 …… 118
三、目录 …… 119

第三节 调查目的与意义的写作方法 …… 119
一、章节概述 …… 119
二、具体内容 …… 119

第四节 调查设计的写作方法 …… 122
一、章节概述 …… 122
二、具体内容 …… 122

第五节 调查数据的收集整理与分析的写作方法 …… 135
一、章节概述 …… 135
二、具体内容 …… 136

第六节 启示、对策建议与结论的写作方法 …… 139
一、章节概述 …… 139
二、具体内容 …… 140

第七节 参考文献、致谢、附录的写作方法 …… 144
一、参考文献的写作方法 …… 144
二、致谢的写作方法 …… 144
三、附录的写作方法 …… 145

学习效果达成训练 …… 147

第六章 案例分析型毕业论文撰写 ································ 149
学习导引 ···································· 150
第一节 案例分析概述 ···························· 150
- 一、案例分析的内涵 ···························· 150
- 二、实证研究 ································ 151
- 三、案例分析的特点 ···························· 151

第二节 案例分析型毕业论文的研究思路与内容框架 ········ 152
- 一、研究路径 ································ 152
- 二、内容框架 ································ 152

第三节 案例分析型毕业论文的撰写方法 ················ 156
- 一、绪论 ···································· 157
- 二、案例分析的相关理论 ························ 159
- 三、案例分析的调研设计 ························ 160
- 四、案例分析调研数据的收集、整理与分析 ·········· 163
- 五、启示与对策建议 ···························· 164

学习效果达成训练 ································ 165

第七章 经管类毕业论文答辩 ································ 167
学习导引 ···································· 168
第一节 毕业论文答辩概述 ························ 168
- 一、毕业论文答辩的本质 ························ 168
- 二、毕业论文答辩的一般过程 ···················· 172

第二节 基于结构化思维的答辩提纲设计 ················ 172
- 一、结构化的汇报PPT逻辑设计 ·················· 172
- 二、内容设计 ································ 172
- 三、评阅质询准备 ······························ 180

第三节 论文答辩后程序 ···························· 183
- 一、答辩后论文修改 ···························· 183

二、审核论文终稿 ··· 184

三、提交最终版本 ··· 184

四、答辩后总结 ··· 185

学习效果达成训练 ··· 189

参考文献 ··· 191

第一章 经管类毕业论文选题

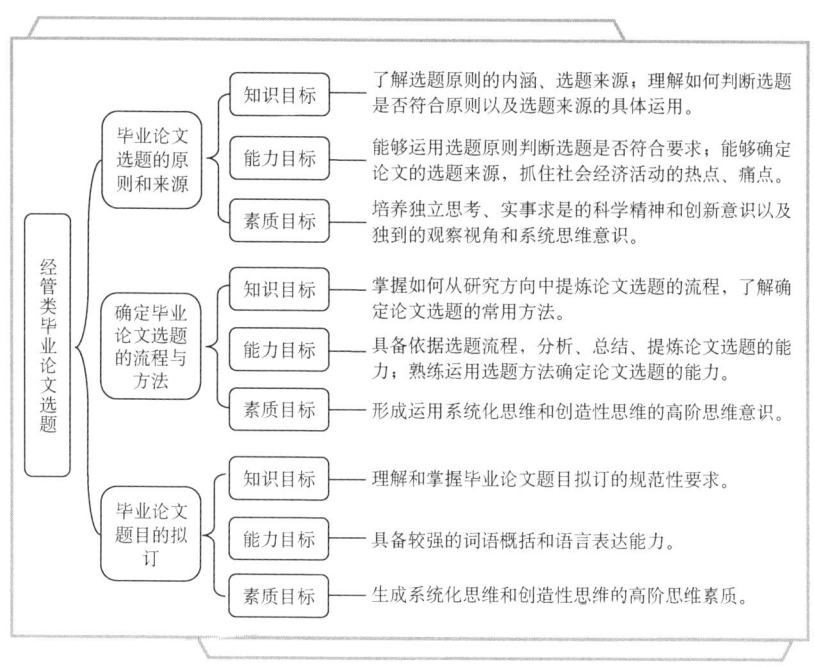

经管类毕业论文选题学习目标

学习导引

🎯 思维导引

在本章,学习者应运用马克思主义的系统观点、联系观点、价值观点,深入剖析本科毕业论文选题的原则和题目的一般来源;运用马克思主义系统思维和矛盾观点,分析本科毕业论文选题的一般过程和常用方法;从习近平新时代中国特色社会主义思想和价值论视角体悟好的本科毕业论文题目的特征,从认识论视角理解毕业论文题目拟订的范式。

🎯 实践导引

在实践中,学习者应始终以现实的社会经济活动为背景展开思考,基于现实需要来观察社会经济活动中可能存在的问题,要特别关注现实的社会经济活动中隐藏于表象背后的深层次内容及其内在逻辑,确保毕业论文题目的表达体现出系统化思维和创造性思维的高阶思维意识。

第一节 毕业论文选题的原则和来源

毕业论文的选题是学生在大量收集、整理和研究资料的基础上,对资料进行分析归纳,进而确立的研究目标和方向。确定选题是一个发现问题、提出问题、分析问题和解决问题的主客观相统一的渐进过程。毕业论文选题是学生撰写毕业论文的关键,其直接决定了论文研究的方向、深度和广度。所以,选题不仅是论文研究的起点,而且可以引导论文撰写的全过程。毕业论文选题与论文写作过程(研究过程)紧密相联,前者在后者中的地位如图 1-1 所示。

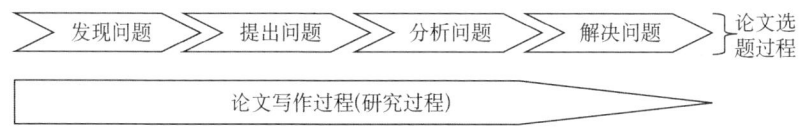

图 1-1　毕业论文选题在论文写作过程中的地位

毕业论文选题既是一个结果,也是一个过程。从结果看,毕业论文选题就是找到的一个研究问题并将其凝练而成论文的题目。从过程看,毕业论文选题是按照一定的原则,运用一定的科学方法,确定毕业论文的研究对象、研究问题及研究方法的系列过程。毕业论文选题主要包括选题目的、选题内容、选题原则和选题范围等内容,如图 1-2 所示。

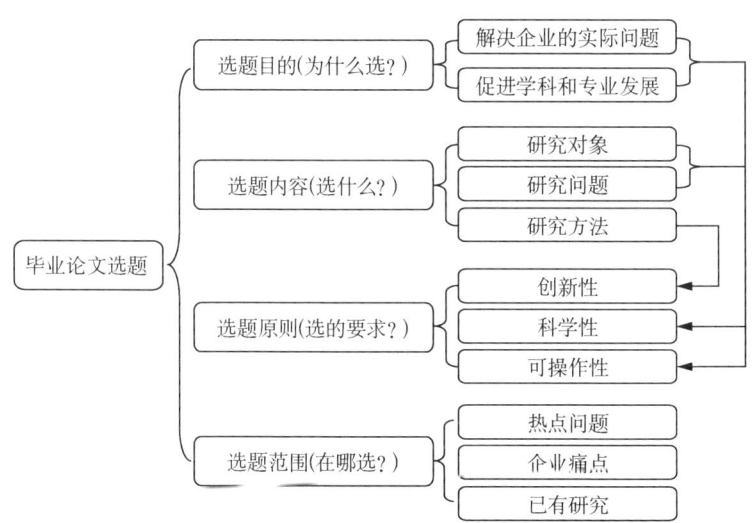

图 1-2　毕业论文选题的主要内容

一、选题原则

选题原则是衡量毕业论文好坏、决定选题取舍的标准和根据。那么什么样的选题是一个好选题呢？首先,选题要有明确的目的,选题要有一定的创新性,能够解决企业的实际问题或是促进学科和专业发展；其次,选题的确定不能只凭借主观随意来确定,要保证选题的科学性;最后,选题应该适合个人的研究能力,切实可行,具备可操作性。毕业论文选题的确定至少要符合创新性、科学性、可操作性三个原则。

1. 创新性

毕业论文选题应能够满足社会需要,对实践起积极的推动作用,或者解决学科中的一些问题,促进学科发展的选题。科学研究的社会服务性质决定了毕业论文创新性。如果毕业论文选题是理论研究方面的,就应提出新思想、新观点和新理论,探讨解决问题的方法、对策,为实际应用提供理论上的指导和建议;如果是应用研究方面的,就应通过毕业论文中相关理论的阐述和确定,直接推动新技术、新材料、新工艺、新产品的出现,引起社会重视,开拓新的应用领域。选题的创新性原则如图1-3所示。

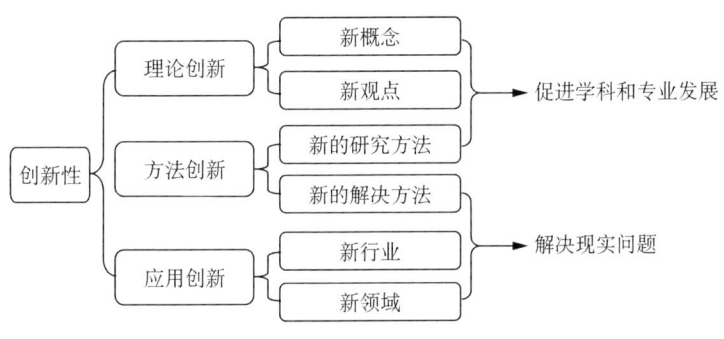

图1-3 原则一:创新性

毕业论文选题的创新性至少应该体现在以下某一个方面:

(1) 理论创新。理论创新即在传统理论知识基础上实现提高和发展,提出自己的新观点,构建新体系。

(2) 方法创新。方法创新通常是科学新发现的先驱,指使用新的研究方法,或者新的解决问题的方法。

(3) 应用创新。应用创新即将已有的理论、方法、原理应用于新的实践领域、新行业,解释新问题,揭示新规律。

创新性逻辑判断过程如图1-4所示。

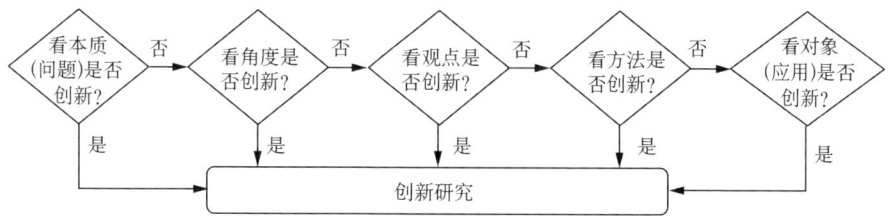

图1-4 创新性逻辑判断过程

2. 科学性

毕业论文选题应以科学理论和科学事实为依据。在毕业论文选题过程中，研究者应该做到运用科学的方法，有理有据、有条不紊。在毕业论文写作中，研究者应该根据基础理论及相关文献，并运用科学的研究方法，按照科学的研究过程进行。选题的科学性原则如图1-5所示。

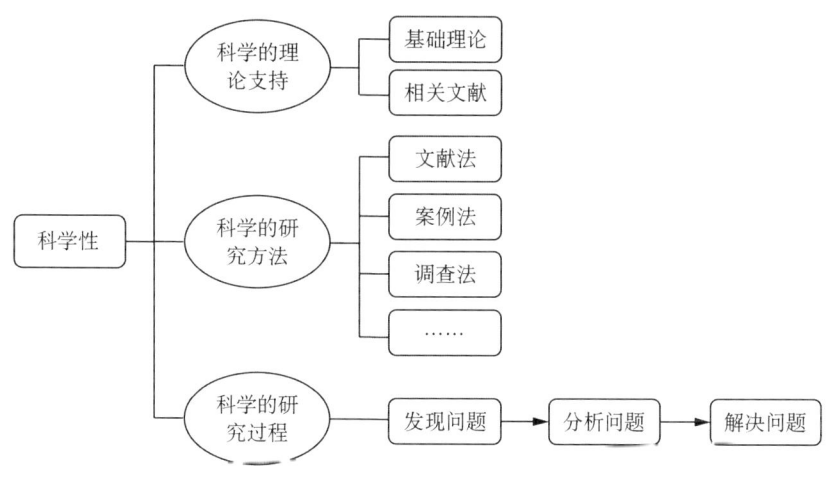

图1-5 原则二：科学性

3. 可操作性

可操作性是指研究者应该根据自己实际具备的条件和经过努力可以具备的条件来确定毕业论文选题，使研究能够顺利完成。可操作性原则一方面要求研究者了解自己的能力特长、知识结构、兴趣爱好等；另一方面要求研究者立足于已具备的客观条件，如资料、设备、经费和时间等，做到扬长避短，主动创造条件，充分发挥自身优势。选题的可操作性原则如

图 1-6 所示。

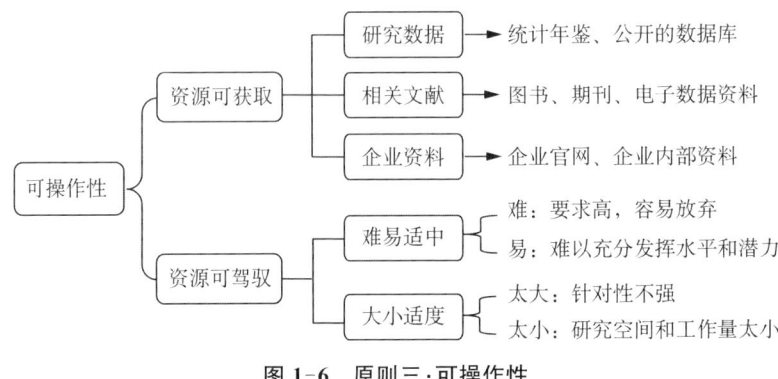

图 1-6 原则三：可操作性

具体来说，选题的可操作性体现在以下两个方面：

一是所需资源是可以获得的：学生在确定毕业论文选题的时候，要考虑到其在现有条件下是否可行，所需的材料是否可以获得。研究所需材料包括研究数据、相关文献、企业资料等。

二是所需资源是可以驾驭的：一是毕业论文选题难度适中，如果选题难度大，需要花更长时间和更多的精力，容易因久攻不克而半途而废，如果选题难度小，研究者难以充分发挥水平和潜力。二是毕业论文选题大小适度，选题宽泛易导致研究内容过泛而缺乏深度；如果选题太小，将使研究空间不足而导致工作量过少，达不到毕业论文要求。

二、选题来源

在明确了毕业论文选题应遵循的相关原则后，研究者要在较短的时间内把选题的方向确定下来，这就需要研究者了解选题来源，采用合适的选题方法，积累更加丰富的素材。论文选题来源如图 1-7 所示。

1. 关注社会经济活动现实发展热点

社会经济活动现实发展热点包括理论热点、实务热点、背景热点。社会经济活动现实发展热点通常反映了当前社会经济发展的关键问题和趋势，选择一个与社会经济活动现实发展热点紧密相关的选题，不仅能够增

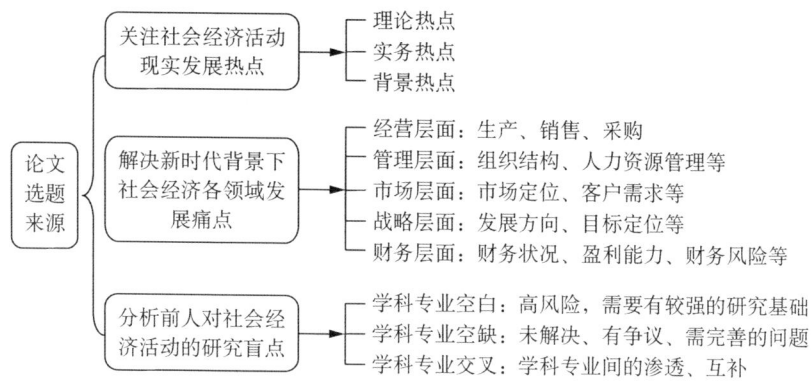

图 1-7 论文选题来源

强论文的现实意义,还能提升研究的时效性和应用价值。

研究者可以借助中国知网、万方、维普等学术搜索引擎,也可以借助百度、搜狗、知乎等新媒体平台,还可以借助百度学术查阅每个社会经济活动现实发展热点的研究情况。研究者可以密切关注国务院及地方政府的最新经济政策、发展规划和改革措施,识别社会经济活动现实发展的热点领域。例如,当前全球范围内的碳中和目标、数字经济转型、乡村振兴等战略,都是值得深入探讨的选题方向。研究者可以从视角、背景、浪潮、趋势等方面确定可否将社会经济活动热点转化为论文选题。关注社会经济活动现实发展热点的流程如图 1-8 所示。

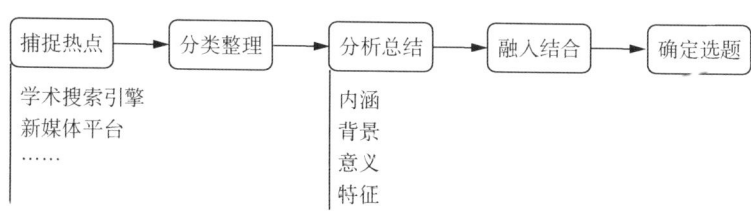

图 1-8 关注社会经济活动现实发展热点的流程

2. 解决新时代背景下社会经济各领域发展痛点

毕业论文选题可以重点关注宏观经济政策、区域经济、国际经济与贸易合作等痛点问题,充分调研和分析相关领域的现状与挑战,结合国内外研究动向,基于数据的收集与分析,提出具有创新性、科学性和可操作性的建议。

　　研究者确定毕业论文选题还可以关注企业经营管理问题,从企业经营管理实践中搜集第一手资料来确定选题,做到选题来源于实践、服务于实践。研究者在进行某项实际工作的过程中或在对某项实际工作的观察中,常常会遇到各种各样难以解决的问题,研究者就需要对其进行调查研究,从中获得第一手资料,对其整理和分析后获得合适的论题。研究者可以从企业经营管理过程的不同环节入手,也可以从财务、人员、工序、战略等方面入手,在企业经营管理痛点的基础上提出有价值的问题来探究解决办法。基于解决企业问题确定选题的流程与示例如图1-9所示。

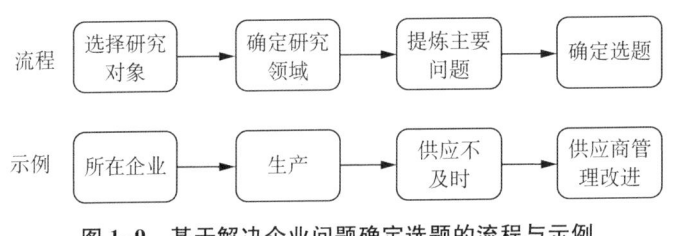

图1-9　基于解决企业问题确定选题的流程与示例

3. 分析前人对社会经济活动研究的盲点

　　研究者可以通览文献资料,从中提取自己感兴趣的问题,从而确定选题。研究者一定要全面阅读材料,把材料仔仔细细、认认真真地看一遍。研究者不能看了一些材料,从中受到一点启发,有了自己的点滴看法,就急于确定选题。研究者只有将所有材料全面彻底地通览一遍,并经过认真分析、反复思考以后才能确定选题。在阅读材料时,研究者一定要勤动手、勤思考,随时记下资料的纲目,记下给自己留下深刻印象的内容(观点、论证、方法、论据等),随时记下点滴体会,而不能走马观花,流于形式。然后,研究者需将阅读内容进行分类,例如,哪些内容属于本学科目前亟待解决的问题;哪些内容属于本学科亟须完善的地方;哪些内容属于本学科争论的焦点问题;哪些问题可以与其他学科相互融合、渗透。最后,研究者需从中提取自己体会最深的东西,经过反复琢磨,形成自己的选题。

基于分析前人对社会经济活动研究的盲点确定选题的流程如图 1-10 所示。

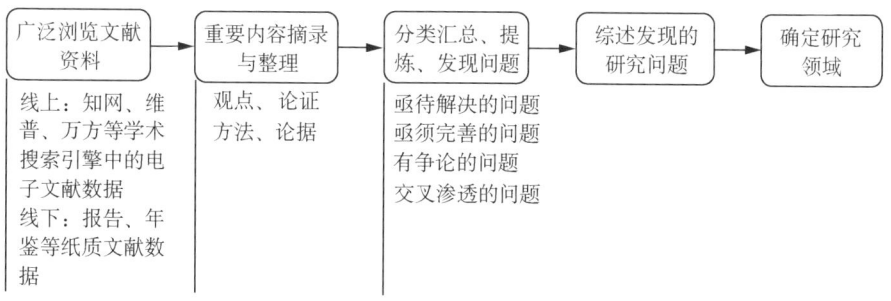

图 1-10 基于分析前人对社会经济活动研究的盲点确定选题的流程

第二节 确定毕业论文选题的流程与方法

一、确定选题流程

（1）界定研究范围，拟订研究方向：研究者可以通过关注热点问题、结合自身实践经历、分析现有研究资料等，运用合适的选题方法，拟定研究方向。

（2）分析现实情况，初定研究主题：研究者可以通过分析现实情况，进一步界定研究范围，初步拟订研究主题。

（3）批判性总结，明确研究问题：研究者阅读与研究主题相关的最新研究文献，了解所在领域的前沿研究和目前存在的研究空白，对其进行批判性总结，注意文献中作者提出的问题和未来研究方向，有助于发现有待研究的问题和新的研究方向。

（4）评估是否符合选题原则：①评估选题是否符合创新性原则：研究者评估所选择的论题是否有一定的意义，是否具有创新性，确定是否可以继续研究。②评估选题是否符合科学性原则：研究者评估研究方法是否可行,并评估自己是否具备实施这些方法所需的能力和技能。③评估选题是否符合可操作性原则:研究者评估选题在资源上的可获取性和可驾驭性,考虑是否有足够的时间和资源来开展一项深入的研究,确定选题是否可以继续研究。

(5)确定论文选题:研究者根据所选择的论题,提出一个明确的研究问题。这个问题应该能够引导研究,并能够用来评估论文的成果。

确定论文选题的流程如图1-11所示。

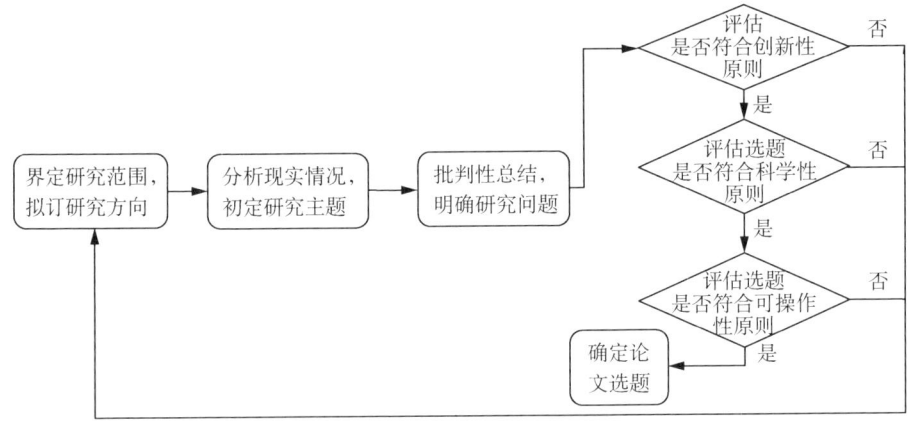

图1-11 确定论文选题的流程

二、确定选题方法

1. 运用社会调查法确定选题方向及研究问题

社会调查法是从社会需要出发,通过实践调查,搜集资料,发现问题,对问题进行分析,在此基础上提炼,最终确定论文选题的方法。通过社会调查确定的论文选题具有较高的实际应用价值,针对性较强。论文的最终目的是为社会服务。选题的确定要根据社会需要,重视社会调查,从社会实践中收集第一手资料,去粗取精,去伪存真,将感性认识上升为理性认识,最终确立选题。研究者要真正从实践中选择课题,为实践服务。社会调查法的主要内容如图1-12所示。

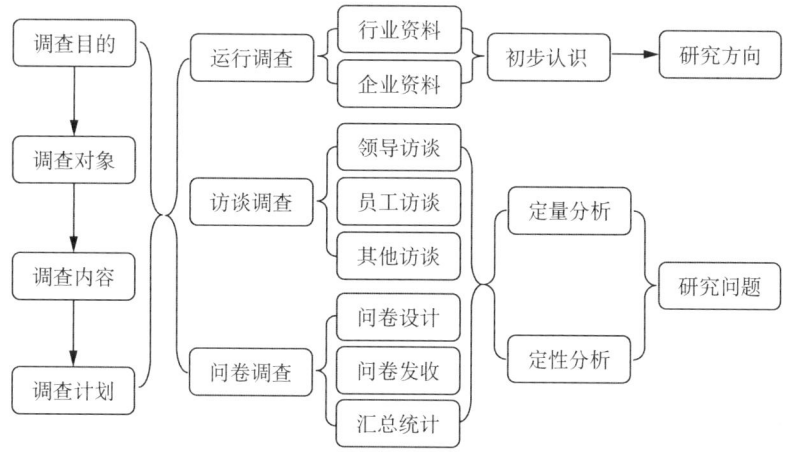

图 1-12　社会调查法的主要内容

2. 运用思维池法确定论文研究问题

思维池法是一种通过广泛收集信息、激发思维灵感来形成选题思路的方法。如果把论文写作比作做一道菜，那么确定选题其实就是前期查菜谱、构思做法、进行自我菜式革新的阶段。确定论文研究问题的 3 个思维池好比储存食材、调料和烹饪手册的容器，将 3 个容器中的内容恰当地组合搭配，就能做出美味佳肴。研究者建立 3 个思维池，分别在池中装入兴趣话题、熟悉领域和研究方法，筛选话题，进行交叉探索，确定论文研究问题。思维池法示例如图 1-13 所示。

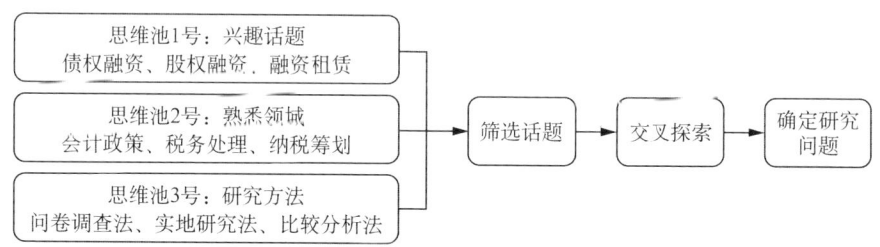

图 1-13　思维池法示例

根据图 1-13 的例子，研究者可以先从兴趣话题中选择债权融资，从熟悉领域中选择税务处理，从研究方法中选择问卷调查法，然后进行组合碰撞，确定运用问卷调查法研究企业债权融资的税务处理。

3. 运用追溯验证法确定选题内容

追溯验证法是一种在自我思考的基础上对已有资料和研究成果的进一步验证,旨在跟踪追溯,充分考虑选题的可行性的方法。追溯验证法的使用是为了最大限度地避免选题与他人重复。只有综合运用这种方法与其他几种方法,才能真正实现毕业论文选题的真实、新颖、充分。借助已有材料,通过自己的努力深入探究,对别人的研究成果予以补充,得出更新的、符合实际的论题;不断钻研已有资料,捕捉一闪之念,达到对某一角度、某一问题的理性升华,顺势追溯下去,最终形成自己的观点,确定选题内容;而对材料的平素积累及研究,也正是追溯验证法的客观依据和自我观点确立的出发点,充分的现有资料不仅足以证明选题方向的正确性,还能成为选题内容的有益凭证和事实论据。总之,在开阔的视野中作定性、定点的选择,可以避免写作起步时的失误。追溯验证法的过程如图1-14所示。

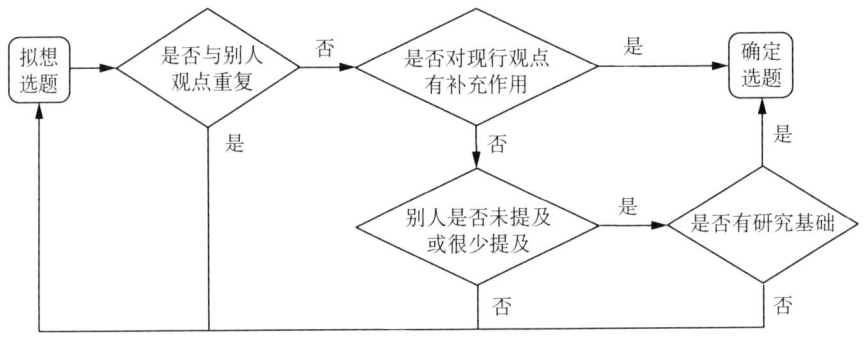

图1-14 追溯验证法的过程

第三节 毕业论文题目的拟订

一、好题目的表征

论文题目是对整篇论文内容的高度概括,要做到清晰、准确、新颖,题目拟订要求如图 1-15 所示。

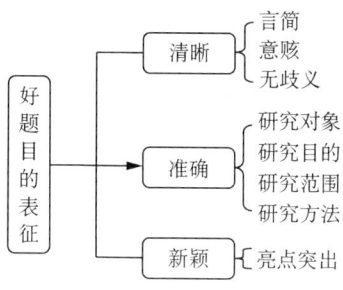

图 1-15　题目拟订要求

1．清晰

1）言简

言简指的是论文的题目要简洁，没有冗余或无关的信息，一般论文的题目字数不超过 25 个字，不要一个废字、赘词。题目要直白，不要隐讳，题目越直白越好。

例如，"企业成本高的原因及其成本节约对策"这一论文题目中两次出现"成本"，就显得冗长。其可以改为"企业成本高的原因与对策分析"。还有许多人喜欢把题目取为"浅谈……""关于……问题的思考"，因为毕业论文本身就是研究，而且必须是比较深入、科学的研究，所以不宜采用"浅谈""思考"等表述，加上这些字眼就显得研究不够深入。

2）意赅

意赅就是题目要抓住整篇文章的精髓，不能过广，也不能太狭隘，要能够正确传递研究内容。论文题目太小，研究者容易掌握，但是研究空间不足。题目太大，涉及面太广，论文就显得空洞，无法深入，很容易蜻蜓点水、面面俱到，但一个问题也没有论述深透。例如，论文研究的是企业员工激励机制及其效果，但由于客观条件限制，调查样本只局限在哈尔滨市的民营企业，那么论文就应该在题目中体现这一限制条件，研究者可将论文题目从"企业员工激励机制及其效果的研究"改为"哈尔滨市民营企业员工激励机制及其效果研究"。

3）无歧义

无歧义就是指题目用词要规范，专业术语使用要严谨，不得随意变更其内涵与外延，用词需要仔细推敲，表达要清晰，词语表述不应产生歧义。同时要注意避免由于个人的主观倾向性而使题目表述产生歧义。例如，"会计师事务所独立性缺失造成的不良影响研究"这个题目就包含一个带有个人倾向的假设，即"独立性缺失"不利于会计师事务所。但是，会计师事务所的独立性缺失是否不利于会计师事务所，这正是论文研究的主要内容，尚存在不确定性，如果带着这种假设进行研究，势必会影响研究结果。因此，上述论文题目可以换个表述，如"会计师事务所独立性缺失问题研究"。

2. 准确

题目应该准确无误地表达论文的中心内容。题目应使读者能够理解到该论文的主题思想、主要观点和主要结论。题目是对论文中重要内容的高度概括，论文题目应避免使用含义笼统及一般化的词语。

一般来说，要想准确无误地体现论文的主要观点，题目离不开四大支撑骨架，即题目的四大要素：研究对象、研究目的、研究范围、研究方法。题目只有准确地反映出这四者及其之间的关系，才能凸显论文的研究内容和研究深度。论文题目是用于交代论文内容的范围来引起读者的注意，以求引起共鸣的。写作时，研究者可以根据论文的需要灵活确定论文的题目。

3. 新颖

题目是首先让人看到的和关注的对象，这就要求论文题目能准确、高效地展示出论文的亮点。从这个角度来看，"亮点突出型题目"是信息时代的首选。研究者选好"亮点突出型题目"的关键便是要学会总结能突出论文"亮点"的词汇，然后使用在题目当中。

此外，用论文当中属于自己首创的新词汇突出论文"亮点"的效果往往会更好，所以题目用词更应该将其作为首选。一些体现论文"亮点"的词汇需要通过对文章的整体情况进行分析确定。

二、毕业论文题目表述的常用范式

题目名称应能反映研究者所研究问题的最主要信息,包括研究对象、研究内容、研究方法、理论依据、研究手段、研究目的、研究背景等。毕业论文题目表述的常用范式如图1-16所示。

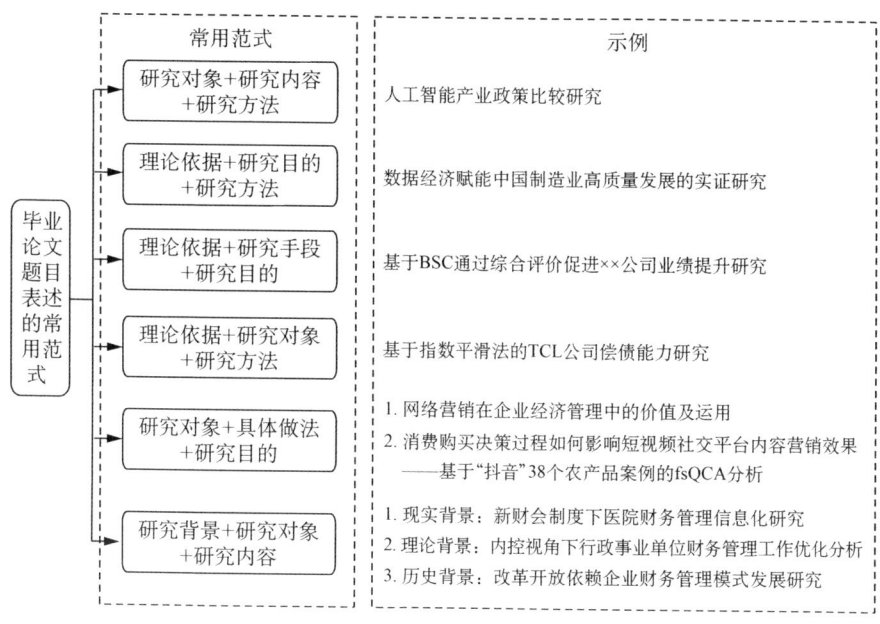

图1-16 毕业论文题目表述的常用范式

学习效果达成训练

一、知识体系自主建构训练

1. 请你运用思维导图等方法对本章内容进行系统化总结。
2. 回顾你的论文选题的确定过程,结合选题实践体验,请思考,确定一个好的选题,除了一般性的逻辑思维过程,还需要哪些更高层次的思维理念来支撑。谈谈你的体会。

二、知识运用与能力生成训练

1. 通过知网等平台,查阅与你的研究主题相关的文献,并选择若干篇文献,逐一分析其研究问题、研究方法、提出的创新性方法与技术。
2. 针对你要解决的理论或现实问题,通过知网等平台查阅相关文献,确定你要研究的主题,并针对主题确定你要开展的研究是理论研究还是实务研究,如果是理论研究,请说明你将提出的方法与技术。如果是实务研究,请确定你准备用什么理论、方法技术进行研究。

三、高阶思维意识生成训练

1. 用马克思主义世界观和方法论,对你查阅的文献的选题和你研究的选题进行分析评价,剖析前人提出或采用的理论与方法以及你将提出或采用的理论与方法的恰当性和先进性。
2. 用习近平新时代中国特色社会主义思想等,从高阶思维视角分析和评价前人所做研究的价值取向和现实价值,并判断你所研究的选题的思想价值和实践意义。

第二章 经管研究设计

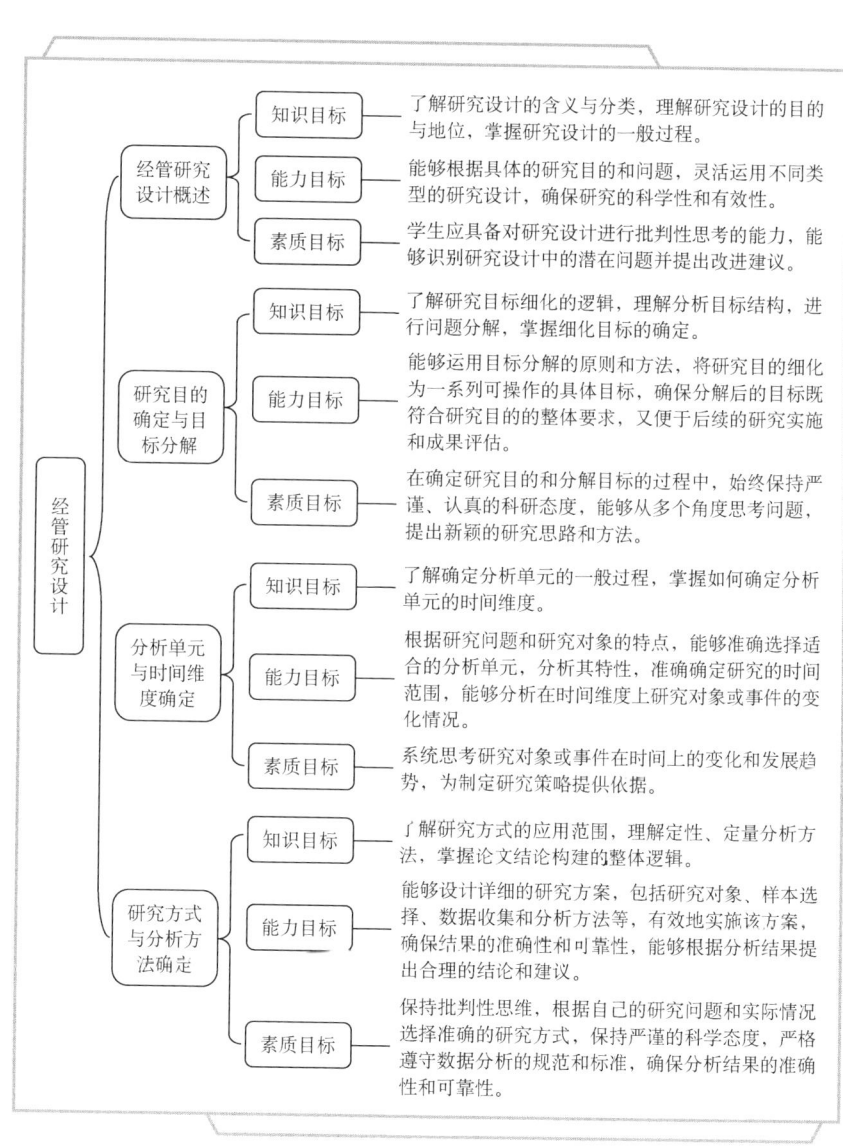

经管研究设计学习目标

学习导引

思维导引

在本章,学习者应运用马克思主义的系统观点,深刻剖析经管研究设计的本质与目的,运用逻辑分析的方法整体梳理经管研究设计的一般过程;运用整分合原理和矛盾分析方法,逐层分解研究目的并确定研究变量的逻辑图谱;运用唯物辩证法和主要矛盾原理,完成分析单元和时间维度的确定;从资源的有限性出发,运用适用性和经济性原理综合评价和优选毕业论文所采用的研究方法。

实践导引

在实践中,学习者应始终以最大限度解决社会经济活动中的现实问题为理念,基于研究结论可信的前提,秉持资源消耗最少的原则,运用系统思维,抓住主要矛盾,综合选取研究方法来完成研究设计,逐步强化研究社会经济活动现实问题的高阶思维意识。

第一节 经管研究设计概述

一、研究设计的含义与分类

1. 含义

研究设计是在科学领域中,研究者为了解决某一特定问题而制定的一系列相关实验、调查和数据分析的计划和实施方法。研究者进行研究设计时需要以问题为导向,制定科学、严谨的设计方案,以确保研究的可靠性和实用性。研究设计的主要目的是研究者获得对问题的深入理解，并得出可靠的结论。研究设计的好坏将直接影响研究结果的可信度和可靠性，是整个研究过程的基础和关键。同时，优秀的研究设计还可以提高研究结果的质量和价值，为解决实际问题提供有效的信息和指导。

2. 分类

1）探索性研究

探索性研究是研究者对研究主题的范围和概念不甚清楚，不能确定基本假设和研究方向，缺乏前人研究成果，没有成熟理论，难以确定具体方法进行研究时所用的研究方法。探索性研究要求研究者搜集与主题有关范围内的各种资料，探索形成关于研究主题的假设。探索性研究的主要目的是为未来的系统研究奠定基础。总之，探索性研究主要是针对新主题或现象进行的初次摸索研究，形成初始命题或假设，探讨进行系统性研究的可行性，寻找后续研究中需要使用的方法。

探索性研究的常用方式主要包括次级资料研究、专家访问、相似案例分析、深度访谈等四种。

探索性研究的主要特征：研究对象规模一般为小样本；抽样方法通常为非随机抽样；研究方式通常为观察和无结构访谈；分析方法通常为主观的定性分析；主要目的是形成概念和初步印象；设计简单、形式自由。探索性研究的一般过程如图 2-1 所示。

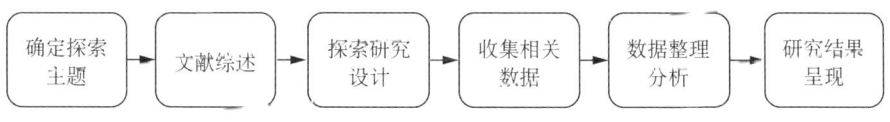

图 2-1　探索性研究的一般过程

探索性研究的论文题目举例："挖掘提高企业盈利能力的策略与模式""探究盈利能力与市场份额的关系""解析行业差异对企业盈利能力的影响"。

2）描述性研究

描述性研究主要用于描述某一现象的特征、状况或关系，其在社会科学领域应用广泛。描述性研究的主要目的是通过系统收集和整理数据，描述特定事物、事件、现象或变量的特征和分布情况。其通常不涉及因果关系推断，仅通过描述来呈现关于研究对象的基本状态。

描述性研究主要包括横断研究和纵贯研究。描述性研究通常采用观察、访谈和问卷调查等方法收集数据。

描述性研究的主要特征：描述性研究的对象规模一般为大样本；抽样方法通常为简单随机抽样和按比例分层抽样；研究方式通常为问卷调查和结构式访谈；分析方法通常为定量的、描述统计分析；主要目的是描述总体状况和分布特征；内容广泛、规模大。

开展描述性研究时，首先，研究者需确定研究主题与目的；其次，研究者需通过研究设计选择合适的样本，通过采用问卷调查、观察或访谈等方式获取数据；再次，研究者需对收集到的数据进行整理分析以呈现研究对象的本质特点；最后，研究者需通过图表、文字等方式呈现出研究结果。描述性研究的一般过程如图2-2所示。

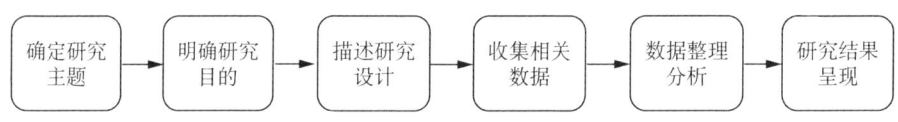

图2-2 描述性研究的一般过程

描述性研究的论文题目举例："企业盈利能力的财务指标分析""企业盈利能力的影响因素及作用机制""企业盈利能力与竞争战略的关系研究""企业盈利能力与公司治理结构的关联性研究"。

3）解释性研究

解释性研究是指通过对搜集的各种数据资料进行整理分析，以剖析所研究的社会现象发生的原因，预测其变化趋势。调查研究既要描述社会现象，又要解释社会现象，即阐述社会现象的发生原因。解释性研究的目的一是确定已经发生的社会现象的发生机理，二是对已经发生的社会现象的发生条件及其对另一社会现象产生影响的可能性进行预测。

解释性研究的主要目的在于辨析变量之间的相互关系或因果关系，

其通常在探索性研究和描述性研究后进行。解释性研究主要包括相关性、发展性和因果性研究等。

解释性研究的主要特征:解释性研究对象规模一般为中样本;抽样方法不采用按比例分层抽样;研究方式通常有调查法和实验法;分析方法通常采用相关分析和因果分析;主要目的是确定变量关系和理论实验;设计复杂、理论性强。

开展解释性研究时,首先,研究者需确定研究主题与目的;其次,研究者需通过研究设计确定主要研究变量,通过采用观察、问卷调查、访谈和实验等方式获取数据;最后,研究者需使用定性(如主题分析、内容分析)或定量(统计分析)等方法处理收集到的数据,探寻变量之间的关系,基于数据分析结果来解释现象产生的原因和机制(理论解释、构建模型或提出假设),根据已有理论验证解释的合理性和可信度。解释性研究的一般过程如图 2-3 所示。

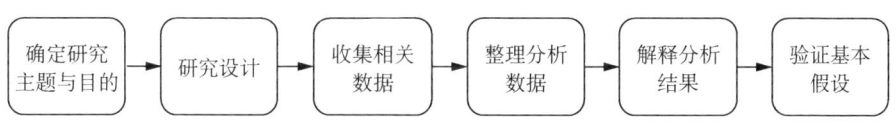

图 2-3 解释性研究的一般过程

解释性研究的论文题目举例:"中国上市公司盈利能力持续性研究——影响因素与路径探索""资本结构与企业盈利能力的相关性研究——理论框架与实证分析""科技型企业盈利能力的驱动因素——模型构建与实证检验"。

4) 对策性研究

对策性研究主要针对特定现实问题,在深入调查分析的基础上给出有针对性的解决对策。通常其可分为宏观对策(战略性)、中观对策(政策性)和微观对策(方案性)等三个层面。对策性研究通常要解决"是什么、为什么、怎么办"的内在逻辑问题,其核心是围绕确定的问题而进行的发现问题、分析问题、解决问题的逻辑过程。

对策性研究的本质是找到解决现实问题的途径与方法,其可以是描述性、解释性研究的延伸研究和深化,对策性研究需要适度淡化解释性研究的理论性,更侧重于应用性。其研究过程兼具描述性研究和解释性研究的特点。

对策性研究的成果通常以报告、论文、政策建议等形式呈现,在公共管理、企业管理、社会发展等领域具有广泛应用。对策性研究强调理论与实践相结合,是系统性、科学性问题的解决方法。

对策性研究过程主要包括:研究者识别研究问题,即确定需要解决的现实问题,其通常从实践中识别;然后通过研究设计确定主要研究变量,提出因果假设;采用文献法、观察法、调查法、实验法等收集数据;运用定性、定量等分析方法对数据进行整理分析,探寻变量之间的因果联系;根据数据分析结果来解释变量之间的因果逻辑;根据相关理论和社会实践提出有针对性的对策建议。对策性研究的一般过程如图 2-4 所示。

图 2-4 对策性研究的一般过程

对策性研究的论文题目举例:"提升企业盈利能力的策略研究——从资本运作和成本控制的视角""提高企业盈利质量的有效途径——以风险管理为重点的策略探讨""突破企业盈利瓶颈的策略探讨——从创新和品牌建设的角度出发""优化企业盈利模式的路径分析:以价值链重塑为例"。

二、研究设计的目的与地位

1. 研究设计的目的

研究设计是论文写作的规划、计划和过程性程序,用以指导整个论文写作的具体实施过程,即针对某个具体的管理研究问题设计一个策略,确定其研究的最佳途径。研究设计的核心目的在于引导研究者解决问题,保证结论的信度与效度。

研究设计的目的包括:确定研究问题的核心变量,给出假设;确定论文研究采用的研究方法和资料,以解答问题、验证假设;筹划开展研究的具体方案、时间进度、任务安排等。

研究设计的显性作用:一是对研究提供检验假设的总体安排和开展研究的具体步骤;二是对研究过程与研究思路设计的合理性和创新性给出论证结果;三是针对要检验的假设提供相应的数据和工具支撑。

2. 研究设计的地位

研究设计不仅是论文写作的前提和基础,更是论文质量的重要保障。在进行毕业论文写作时,学生应该充分重视研究设计的重要性,并认真进行研究和设计。

研究设计作为毕业论文的前导性"骨架",为后续研究中围绕基本假设和观点,收集、整理和分析数据资料提供附着载体。由研究设计可以派生出毕业论文的研究技术路线图。研究设计的作用在于:一是在研究目标与研究手段之间架起路径关联;二是将实现研究目标的实施步骤细化为若干环节以助力检验假设的过程和最后结果。研究设计路线图如图2-5所示。

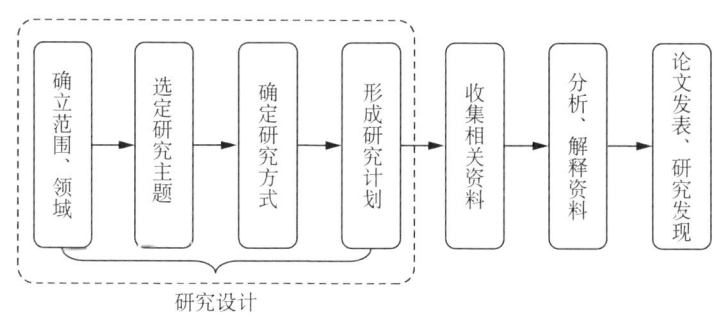

图2-5 研究设计路线图

三、研究设计的一般过程

研究设计一般包括研究目的确定与研究目标细化、研究方式与分析方法确定、分析单元与时间维度确定三个主要环节。研究设计的主要环节如图2-6所示。

图2-6 研究设计的主要环节

研究目的确定与研究目标细化:研究目的确定要求研究者主要明确论文研究属于探索性、描述性、解释性和对策性研究的哪一类,为下一环节设计奠定基础。研究目标细化要求研究者主要通过在理解问题背景的基础上,对研究问题进行具体分解,确定研究问题所涉及的相关变量,最终确定细化目标。

研究方式与分析方法确定环节的主要内容:一是确定资料收集应采用的方法(调查法、实验法、观察法和文献法);二是通过建立结论和初步理论关联的方式给出结论构建;三是确定成文方式(论文或报告)。在确定研究方式时,研究者需依据研究问题的性质选择定量研究、定性研究或混合方法。定量研究强调数据量化,适合验证假设;定性研究则注重深入理解现象,适合探索性问题。研究者选择合适的数据分析方法,如统计检验、内容分析等,确保数据的有效提取、整理与解释,以科学验证研究假设,增强研究的可信度。

分析单元与时间维度确定:在确定研究总体的前提下,在此环节研究者确定抽样方式以支撑数据资料收集方法的选择,以及后续分析方法的选用。研究者根据论文研究需要确定采用截面研究或纵贯研究。截面研究主要关注在一个时点上收集资料,描述对象在此时点上的状况,或探讨此时点上不同变量间的关系;而纵贯研究是一种跨时段的研究,研究者需要在不同时点上收集资料,描述现象的发展变化,解释前后现象发展之间的联系,纵贯研究包括:趋势研究、同期群研究、同组研究等。

第二节 研究目的确定与目标细化、分解

一、研究目的确定

研究目的旨在明确论文的核心探索方向和预期达成的学术或实务贡献。它应精炼概括研究的核心问题,即为何进行此研究,以及期望通过何种分析解决或阐述该问题。确定研究目的时,研究者需紧密结合经管领域的实际需求与理论前沿,确保选题既有理论价值,又能指导实践。这一过程要求研究者进行广泛的文献回顾,以识别研究空白与创新点,进而设定具体、可操作且富有挑战性的研究目标。清晰界定的研究目的不仅能指导全文的逻辑构建,还能增强研究的针对性和实用性,为后续的方法论选择、数据收集与分析奠定坚实基础。在经管类毕业论文写作中,确定研究目的需遵循以下步骤:首先,明确研究领域与兴趣点,结合个人专业背景和经管领域热点问题,初步锁定研究方向。其次,广泛查阅相关文献,了解该领域的研究现状、争议点及未解之谜,以此为基础,细化研究问题,确保选题的新颖性和实用性。再次,设定具体、可量化的研究目标,明确研究旨在解决的具体问题、预期成果及其对经管实践的潜在影响。最后,与导师或同行交流,获取反馈,调整完善研究目的,确保其既符合学术规范,又具备实施可行性。这一系列步骤有助于确保研究目的的明确性、科学性和前瞻性。

二、研究目标细化

研究目标细化的逻辑主要是将一个宏观的研究目标细分为更具体、可操作的任务和步骤,以确保研究能够按照预定的方向进行,并提高研究的效率和研究成果的质量。研究目标细化的逻辑如图 2-7 所示。

通过以下步骤,研究目标可以被细化为一系列具体、可操作的任务和

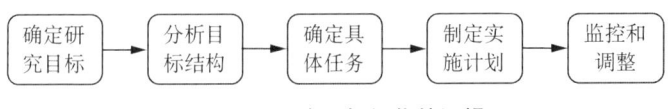

图 2-7　研究目标细化的逻辑

步骤,从而更容易实现,同时提高研究的效率和研究成果的质量。细化逻辑有助于确保研究能够按照预定的方向进行,同时有助于研究者在研究过程中保持清晰的思路和明确的方向。

三、研究目标分解

研究者对研究目标进行结构化分解是论文写作中的重要步骤,该步骤将复杂的问题分解成若干个较小的、更容易处理的部分,有助于研究者更好地理解和解决这些问题。例如,在分析企业某方面可能存在问题的假设前提下,研究者可以先从不同角度进行分析,确定在各角度下对结论能够起到支撑作用的关键变量,再进一步对关键变量进行逐层分解,形成若干层次的变量分解树。研究目标结构化分解过程如图 2-8 所示。

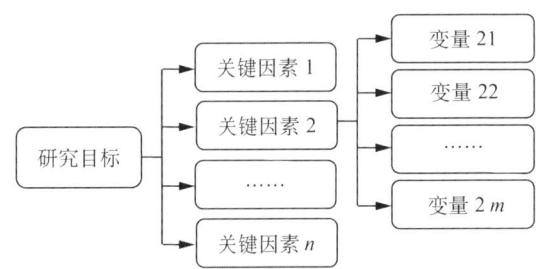

图 2-8　研究目标结构化分解过程

在论文写作过程中,研究者将一级变量分解为二级变量是一个系统性的过程,这个过程涉及理论框架的构建、实证数据的收集与分析等多个环节。以下是研究目标结构化分解的基本步骤,可以帮助研究者完成这一任务。

(1) 构建理论模型或框架。在此环节中,研究者基于理论梳理和文献回顾的结果,构建一个包含一级变量和潜在二级变量的理论模型或框架。这个模型应该能够清晰地展示一级变量如何被分解为二级变量的过程,并揭示它们之间的逻辑关系。

(2)提出假设。此环节研究者在理论模型或框架的基础上,对甄别后的一级变量再进行一次结构化分解,形成关于一级变量与二级变量之间的因果假设。

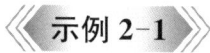

研究目标结构化分解示例

××企业盈利能力分析,可以以外部因素、内部因素作为切入点;也可以以财务因素、非财务因素作为切入点进行结构化分解。

研究目标结构化分解结果为(内部因素或财务因素视角):经营管理、产品核心竞争力、存货管理、营业收入、成本管控、资产管理效率、负债结构。经过分析,研究者剔除对盈利能力影响不大的因素,保留经营管理、成本管控、产品核心竞争力、存货管理这四个关键因素,将甄选后的一级变量分解为若干个二级变量。研究目标结构化分解示例如图2-9所示。

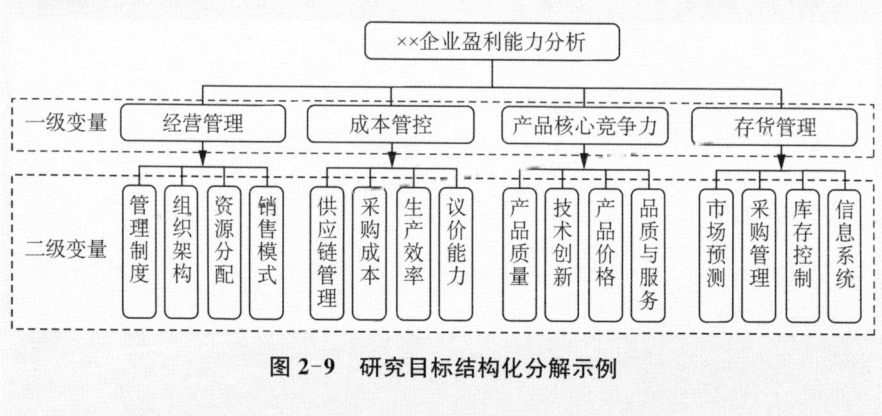

图2-9 研究目标结构化分解示例

结构化分解后的底层目标需要选择恰当的指标来表达,每个底层目标选用何种指标来表达,要根据底层目标的特性,以及其在实践中是否可测量来综合考虑。

第三节　分析单元与时间维度确定

一、分析单元确定

研究者确定分析单元需要首先确定研究总体,其次根据研究需要确定样本与抽样方法,最后确定样本量。分析单元确定的一般过程如图2-10所示。

图2-10　分析单元确定的一般过程

1. 确定研究总体

确定研究总体是确保研究结论信度与效度的关键。研究者要根据研究所涉及的范围、研究问题及研究目标的特性确定研究总体,既不能随意扩大研究总体,也不能随意缩小研究总体。

2. 确定样本与抽样方法

根据研究目的和研究问题确定样本选择的抽样方法。例如,研究目的是了解整个目标群体的特征和行为时,研究者可能需要进行大规模的普查;研究目的是要了解目标群体的某一方面特征或行为时,研究者可能需要进行抽样调查。

3. 确定样本量

根据研究目的和研究问题,计算所需的样本量。样本量的大小将直接影响研究结果的代表性和可靠性。

二、时间维度确定

在时间维度确定环节,研究者主要判定研究是属于截面研究(横向),还是纵贯研究(纵向)。

1. 截面研究

截面研究是指在某一时点对研究对象进行横断面的研究,以了解各种类型的研究对象在某一时点上的全貌。其目标是了解在某个特定时间点上的某种现象或特征的情况。截面研究的特点是在一个特定的时间点收集数据,它提供的是某种现象在某一时刻的"快照",而不是某种现象随时间变化的动态信息。例如,研究某企业与同行业竞争对手在 2024 年 12 月 31 日资产负债表上的资产、负债情况(论文中的同行业数据对比部分)。截面研究的过程如图 2-11 所示。

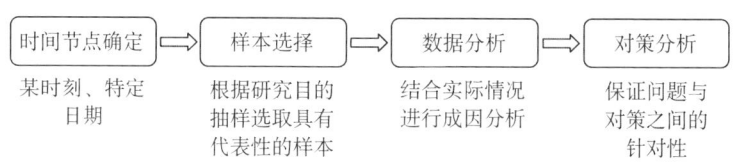

图 2-11 截面研究的过程

2. 纵贯研究

纵贯研究是一种重要的社会科学研究方法。在纵贯研究中,研究者在较长时期的若干个不同时点搜集资料,然后对社会现象的发展变动作纵向的对比研究,以揭示社会现象的发展规律和变化趋势。由于各种变量的时间顺序清楚,纵贯研究容易作出逻辑因果判断。纵贯研究能够描述事物的发展过程和变化,并从变化中考察事物的发展趋势。由于纵贯研究需要长时间的资料搜集和追踪,其横断面一般不能过宽,样本容量也不宜太大。

在实际应用中,研究者需要根据研究目的和条件选择合适的纵贯研究类型,并充分考虑其局限性和挑战性。纵贯研究通常包括趋势研究、同期群研究和定组研究三种类型。纵贯研究类型如图 2-12 所示。

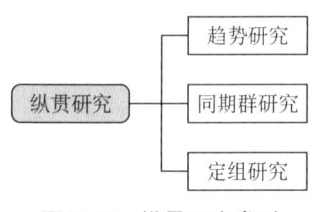

图 2-12 纵贯研究类型

1）趋势研究

趋势研究是指对较大规模的研究对象总体随时间推移而发生的变化的研究，它关注一般总体随时间推移而发生的变化，其特点是在不同时点上研究者所研究的对象可能不同。例如，通过分析历次人口普查结果，研究者可以研究全国人口的增长趋势及其变化。

2）同期群研究

同期群研究通常比趋势研究的研究范围小一些，其是对某一时期具有相同特征的人群随时间推移而发生的变化的研究，是对某一特殊人群（如某一年代出生的人群）随时间推移而发生的变化进行的研究。这种研究方式有助于揭示特定人群在不同生命阶段的特点和变化。

3）定组研究

定组研究是对同一群被调查者在不同时间点进行多次观察和资料搜集，以了解他们的变化情况和趋势的研究。这种研究方式需要保持样本的稳定性，以便更准确地追踪和分析被调查者的变化。在纵贯研究类型中，定组研究范围最小，定组研究必须是对同一批人随时间推移而发生的变化的研究。区别于趋势研究和同期群研究每次可以研究不同的对象，定组研究在不同时点要研究同样的人。定组研究的使用范畴，如长期变化研究、发展轨迹研究、历史比较研究、长期效应研究、趋势预测。

示例 2-2

纵贯研究示例

××企业近5年财务报表数据及相关资料如表2-1所示，各项财务指标的变动趋势及收集企业经营管理等方面的结果如图2-13所示。

第二章 经管研究设计

表 2-1　××公司 2019—2023 年总资产报酬率　　金额单位:万元

项目	2019 年	2020 年	2021 年	2022 年	2023 年
息税前利润	32 086.81	34 500.44	31 069.55	22 516.37	4 958.31
平均资产总额	137 415.25	160 001.97	169 973.41	213 634.52	251 913.42
总资产报酬率	23.35%	21.56%	18.28%	10.54%	1.97%

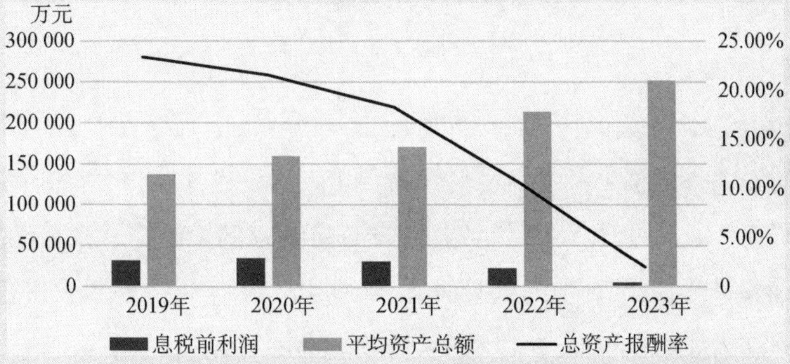

图 2-13　××公司 2019—2023 年总资产报酬率趋势图

第四节　研究方式与分析方法确定

一、研究方式确定

经管类毕业论文一般需要将调查法作为主要研究方法。调查法主要用于收集、整理和分析有关研究对象的数据和信息。通过运用调查法,研究者可以深入了解社会现象、人类行为和心理过程,为政策制定、决策和学术研究提供依据。调查法的各种形式,包括问卷调查法、访谈法、实验法、观察法、文献调查法、内容分析法、焦点小组讨论、案例研究。研究方式确定的过程如图 2-14 所示。

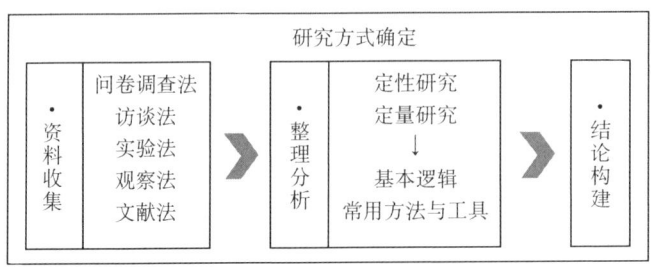

图 2-14 研究方式确定的过程

1. 问卷调查法

1) 问卷调查法的内涵

问卷调查法是一种以问卷形式向特定人群发送并收集数据的调查方法。研究者通过设计一系列问题和选项,将其以问卷的形式发放给受访者,获得部分问题及选项的确切答案,从而获取结构化的和量化的信息。问卷调查法标准化程度高、覆盖面广、易于量化分析。

通过问卷调查,研究者通过向研究对象发放问卷、量表等工具,可以收集大量数据,并对不同人群进行比较分析。

常用的问卷调查工具有问卷星、腾讯问卷、调查派等在线问卷平台,这些工具可以帮助研究者方便地设计问卷、发布调查、收集数据,并自动进行统计和分析。

问卷调查法的内涵如图 2-15 所示。

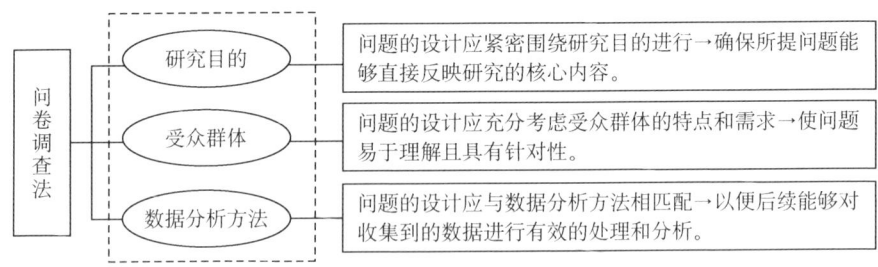

图 2-15 问卷调查法的内涵

2) 问卷调查法的特点

问卷调查法的特点如图 2-16 所示。

(1) 问题设计的标准化。调查问卷的问题通常经过精心设计,以确保问题的清晰、明确和易于理解。每个问题都旨在获取特定信息,而且问题间的逻辑关系也经过设计者充分考虑。这种标准化设计有助于确保每位受访者对问题有确切的理解,从而提高数据的可比性和可靠性。

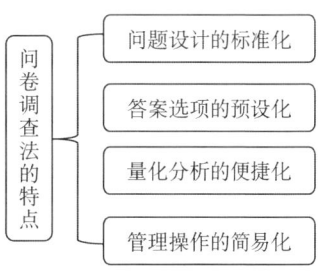

图 2-16 问卷调查法的特点

(2) 答案选项的预设化。调查问卷的问题往往附带有预设的答案选项,供受访者选择。这些答案选项通常是基于研究目的和理论框架精心设计的,能够覆盖研究所需的关键信息。通过预设答案选项,调查问卷法能够确保数据的结构化和标准化,便于后续的数据分析和处理。

(3) 量化分析的便捷化。问卷调查法收集的数据通常是量化的(如选择题答案),这使数据分析过程相对简便和客观。研究人员可以利用统计分析软件对数据进行处理,计算数据出现的频率、百分比、平均值等指标,以揭示数据背后的模式和趋势,提高研究的精确性和可靠性。

(4) 管理操作的简易化。问卷调查法还具有易于管理和操作的特点。通过电子化的问卷发放和收集方式,研究者可以方便地追踪和管理问卷的发放、回收和处理过程。此外,电子化的数据也便于数据的存储和共享,提高了研究工作的效率。

问卷调查法是一种常用的数据收集方法,问卷调查法具有高效且成本效益高、数据标准化和可量化、灵活性高、匿名性保护、易于操作等优势,许多现代软件工具也支持问卷的设计和数据分析。例如,问卷星能够提供丰富的模板和自定义选项,使问卷设计更加灵活和美观,实时收集数据,并提供详细的统计分析报告,包括柱状图、饼图、折线图等形式,帮助用户直观地理解数据;腾讯问卷能够支持多种题型,如单选、多选、填空、量表等,满足不同调研需求,同时其提供数据导出功能,方便用户将数据导入其他分析软件进行深入研究。

示例 2-3

问卷调查法示例

对于《××企业盈利能力分析》一文,研究者首先从论文的题目中提取研究目的,根据研究目的可以分别从经营管理、成本管控、产品核心竞争力、存货管理这四个一级变量细化分解的十六个二级变量入手,根据前提假设的可能存在问题的影响因素提炼出有代表性的问题汇总,按照既定的前后逻辑依次编制在问卷中。

表 2-2 关于××公司经营管理的问卷调查结果($n=613$)

项目	1分	2分	3分	4分	5分	平均分
对××公司经营管理制度的评价	192	193	154	44	30	2.23
对××公司组织架构的评价	145	156	157	60	95	2.68
对××公司销售模式的评价	212	197	174	22	8	2.05
对××公司营销策略的评价	181	167	185	41	39	2.33
××公司营销能力总体情况评价	—	—	—	—	—	2.32

2. 访谈法

1) 访谈法的内涵

访谈法是一种以口头形式与受访者进行交流并收集数据的调查方法。访谈可以采用个人访谈和小组访谈等方式进行。访谈法的运用可以使研究者与受访者开展深入、有目的的对话,了解受访者的观点、态度和行为。访谈法具有灵活性、深入性和互动性。通过访谈,研究者可以了解受访者的观点、态度和经历,探究其背后的原因和动机。访谈法常用的工具有录音笔、录音软件和笔记本等。这些工具可以帮助研究者记录受访者的回答,并在访谈结束后进行整理和分析。

2) 访谈提纲设计指南

研究者在论文中运用访谈法时,设置恰当的访谈提纲问题是至关重要的,它直接影响数据的收集质量和分析的深入程度。访谈提纲设计指南如图 2-17 所示。

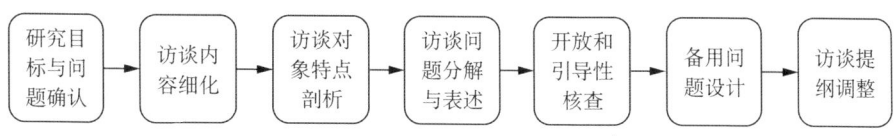

图 2-17 访谈提纲设计指南

(1) 研究目标与问题确认(如盈利能力)。在该环节,研究者需明确论文的研究目标和核心问题,确定访谈提纲的主要内容和方向。访谈提纲中的问题应紧密围绕研究目标,确保访谈能够获取有助于解答研究问题的信息。

(2) 访谈内容细化(一级变量)。在该环节,研究者需根据研究目标,将访谈内容细化为若干关键方面或主题。在每个主题下,研究者应设计具体、有针对性的问题,以便深入了解访谈对象的观点、经历和感受。

(3) 访谈对象特点剖析。在设置访谈问题时,研究者应充分考虑访谈对象的年龄、性别、职业、教育背景等特点。针对不同的访谈对象,研究者可能需要调整问题的表述方式、难易程度或涉及的内容,以确保访谈问题的有效性和适用性。

(4) 访谈问题分解与表述(二级变量推导出文章研究对象存在问题的成因)。访谈问题的表述应准确、清晰,避免使用模糊或容易引起歧义的词汇。访谈问题应直接针对研究目标,避免过于宽泛或偏离主题。访谈问题的顺序也应合理安排,以引导访谈的顺利进行。

(5) 开放和引导性核查。为获取更丰富、有价值的信息,研究者应设计一些开放性问题,让访谈对象能够自由表达观点和感受。研究者也可以设计一些引导性问题,帮助访谈对象更好地理解和回答问题。在设置问题时,研究者应尽量避免涉及访谈对象的隐私或敏感话题,以免给他们带来不适。研究者也应避免使用具有明显倾向性或引导性的问题,以确保访谈结果的客观性和真实性。

(6) 备用问题设计。为应对访谈过程中的不确定性,研究者可以设计一些备用问题。当访谈对象对某些问题无法回答或不愿回答时,研究者可以转而提问备用问题,以确保访谈的顺利进行和数据的完整性。

(7) 访谈提纲调整。在进行正式访谈之前,研究者可以先进行预访谈,以检验提纲问题的有效性和适用性。根据预访谈的反馈,研究者可以对提纲问题进行必要的调整和优化,以提高访谈的质量和效果。

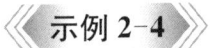 示例 2-4

访谈提纲设计示例

××企业盈利能力案例分析,将若干个二级变量进一步细化为影响企业盈利能力的具体财务指标或访谈提纲。

财务指标:总资产周转率、销售净利率、权益乘数、净资产收益率

表 2-3 访谈提纲

1. 您认为贵公司近几年的销售业绩变动趋势如何?
2. 您认为贵公司目前的销售模式合理吗?如果您认为不合理,原因是什么?应如何改善?
3. 您认为贵公司不同业务环节或产品的成本结构有何差异?
4. 您认为贵公司采取了哪些成本控制策略?
5. 您认为贵公司在技术创新方面的投入与产出比如何?您是否认为这些投入带来了相应的回报?
6. 您认为贵公司未来在技术创新方面有哪些规划?您是否有新的研发项目或技术升级计划?
7. 您认为贵公司是否采用了先进的库存管理系统或技术?如果有,这些技术如何帮助提升库存控制效率?
8. 您认为贵公司应当如何根据市场需求、销售预测和供应链情况调整库存水平?

解析:论文的研究目的或研究目标为盈利能力;根据前面确定的一级变量,将其具体细化分解为若干个二级变量;思考通过文献法获取企业相关信息,包括财务信息和非财务信息,通过数据及搜集到的

文字资料,分析研究主体盈利能力可能存在的问题并进行汇总,从而确定访谈问题的方向及核心内容的侧重点,在此基础上进行深层次的挖掘,同时保证访谈的问题更具开放性和针对性,让访谈的结果更好地辅助数据显现问题,科学地将定性定量分析结合使用,为论文中提出的问题起到更好的支撑作用。

3. 观察法

观察法是一种通过直接观察研究对象的行为、举止和环境来收集数据,了解其特点、模式和意义的调查方法。观察法可分为参与式观察和非参与式观察两种形式。观察法的优点在于其能够提供第一手资料,不受受访者主观因素的影响。研究者常用的工具有观察表、记录本、相机和录音设备等。这些工具可以帮助研究者记录观察到的信息,并在事后进行整理和分析。观察法的一般过程如图2-18所示。

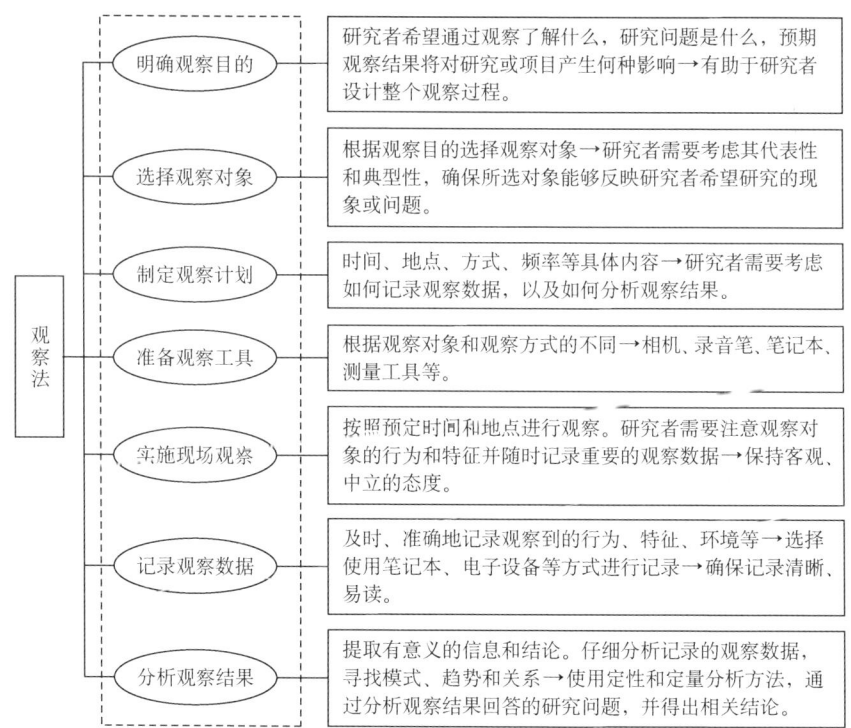

图2-18 观察法的一般过程

1)观察点设置

研究者在论文中采用观察法时,观察点的设置是至关重要的,它直接影响观察结果的准确性和有效性。观察点设置的一般过程如图 2-19 所示。

图 2-19 观察点设置的一般过程

(1)根据研究目标,确定观察对象。研究者根据论文的研究问题和目标,确定需要观察的具体对象,可以是人、动物、社会现象等。明确研究目的有助于指导观察点的选择和设置。

(2)根据研究目标,确定代表性观察点。观察点应该能够反映研究对象的整体情况或特定方面,以便研究者能够从中获取有价值的信息。在选择观察点时,研究者可以考虑地理位置、环境特点、观察对象的分布等因素,确保观察点具有代表性。

(3)观察点安全性和可行性核查。在设置观察点时,研究者需要考虑到观察者的安全和便利性,以及观察过程中可能遇到的困难和挑战。例如,对于需要长时间或夜间观察的情况,研究者应选择照明良好、交通便利且相对安全的地点。

(4)观察点隐蔽性和自然性核查。为了避免观察对象因意识到被观察而改变行为,观察点应尽可能设置得隐蔽一些。此外,为了获得更自然、真实的数据,观察点应尽量接近研究对象的自然状态,减少人为干预。

(5)根据需要进行观察点调整。在观察过程中,研究者可能会发现某些观察点不太合适或需要补充其他观察点。因此,观察者应具备一定的灵活性,根据实际情况适时调整观察点的位置和数量。

2)观察对象确定

采用观察法确定观察对象时,研究者需要遵循一定的原则和步骤以确保研究的准确性和有效性。观察对象确定的一般过程如图2-20所示。

图2-20 观察对象确定的一般过程

(1)研究主题和问题确定。这是确定观察对象的基础。研究主题和问题将指导研究者决定需要观察什么以及观察对象为什么需要观察。

(2)观察对象代表性核查。观察对象应该能够代表研究者想要研究的总体或群体。这样,研究者的观察结果才能更广泛地适用于类似的情况或情境。

(3)观察对象的可观察性核查。这意味着观察对象的行为、特征或现象应该是可以被直接观察到的,以便研究者能够收集到准确和可靠的数据。

(4)研究伦理和可行性核查。在确定观察对象时,需要确保研究者的研究不会对他们造成任何伤害或侵犯他们的隐私。此外,还需要考虑研究者是否有足够的资源和时间来观察这些对象。

(5)预观察或试点研究。在正式确定观察对象之前,研究者可以尝试进行预观察或试点研究,以了解观察对象的实际情况和可能遇到的问题,从而进一步完善观察方案。

4. 文献法

1)文献法的含义

文献法也称为历史文献法,是一种古老而又富有生命力的科学研究方法。使用文献法时,研究者通过阅读、分析、整理有关文献材料,全面、正确地研究某一问题。文献法方便快捷、成本较低,能够帮助研究者了解前人的研究成果和研究趋势。通过文献调查,研究者可以获取大量的文献资料,为后续的研究提供基础和借鉴。

在本科毕业论文写作中,一方面,研究者可以通过系统回顾和分析相关文献,了解研究问题的背景、已有研究成果和争议点。文献法常用的工具有文献管理软件(如 Endnote,Zotero)、学术数据库和学术搜索引擎(如 Google Scholar)。这些工具可以帮助研究者有效地收集、整理和分析文献资料。

另一方面,研究者可以通过企业官网、东方财富、同花顺等平台查找企业的财务信息和非财务信息,同时掌握同行业对比数据。研究者对特定情境下的研究对象进行深入、全面的探究,以了解其发展过程、影响因素和结果。研究者常用的工具有案例分析软件(如 Caliper)、数据可视化工具(如 Tableau)和项目管理软件(如 Trello)等。这些工具可以帮助研究者收集和分析案例数据,并有效地组织和管理研究过程,方便构建论文的逻辑性和准确性。

2)文献法的一般过程

文献法的一般过程如图 2-21 所示。

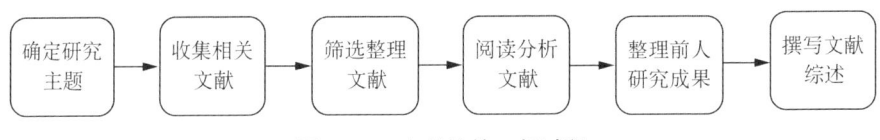

图 2-21 文献法的一般过程

(1)确定研究主题。研究主题的确定涉及研究者对特定领域或问题的兴趣和关注,以及对现有文献的初步了解。在这个过程,研究者需要强调研究主题的明确性、针对性和可行性,以确保后续的文献收集和分析能够围绕特定明确的目标展开。

(2)收集相关文献。在此环节,研究者通过查阅图书馆、学术期刊,以及在线数据库等资源来获取研究相关文献,收集的文献应该覆盖该主题的历史背景、理论基础、现状研究等各个方面,以便为后续的分析提供充足的资料。

(3)筛选整理文献。在此环节,研究者去除与研究主题相关性或质量不高的文献,保留有价值的文献,并将筛选后的文献按一定分类标准进行归类排序,便于后续的阅读和分析。

(4) 阅读分析文献。在此环节,研究者提取研究主题的背景知识、相关理论、研究方法、以往研究结果等有用的信息,选择阅读与研究主题密切相关的文献,以支持研究假设或问题。

(5) 整理前人研究成果。在此环节,研究者对前人研究的主题进行深入理解,对相关理论进行综合分析,对研究方法进行比较评价,从逻辑性和条理性出发进行整理,以确保文献综述的逻辑性。

(6) 撰写文献综述。在此环节,研究者对已有文献进行全面、系统、深入的评述总结,展示相关研究主题的发展历程、现状和未来趋势,结合自己的理解思考,佐证自己的研究视角。

二、分析方法确定

1. 定性研究

定性研究作为一种重要的社会科学研究方法,在本科论文写作中具有广泛的应用价值。通过对现象进行深入细致描绘和解析,定性研究有助于揭示事物的本质、规律和发展趋势,为决策提供科学依据。定性研究主要依赖文字描述和逻辑推理,通过收集和分析非数值型数据来揭示现象的本质和特征。定性研究的基本流程如图 2-22 所示。

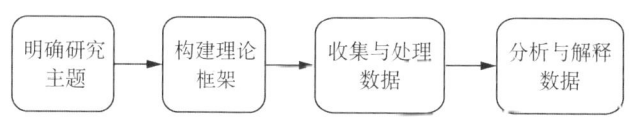

图 2-22 定性研究的基本流程

(1) 明确研究问题。明确研究问题是定性研究的首要步骤,有助于指导研究者的研究过程和确保研究的有效性。

(2) 构建理论框架。在明确研究问题的基础上,研究者构建适当的理论框架以指导研究数据的收集和分析。

(3) 收集与处理数据。定性研究通常采用访谈、观察、文献分析等方法收集数据,并对数据进行整理、分类和编码。

(4) 分析与解释数据。研究者通过对数据的深入分析和解释,揭示现象的本质、规律和影响因素。

定性研究方法广泛应用于各个学科领域,被用于深入探究研究对象的特点、行为和意义。

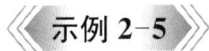

定性研究示例

采用定性分析,根据调查问卷或访谈结果进行汇总提出问题。

产品竞争力的问卷调查结果显示,对 ** 公司产品更新速度的评价项目得分最低或者根据访谈结果汇总得出 ** 企业存在销售模式单一的问题。

表 2-4 关于××公司产品竞争力的问卷调查结果($n=613$)

项目	1分	2分	3分	4分	5分	平均分
对××公司产品质量的评价	145	132	145	97	94	2.78
对××公司产品功能的评价	141	156	73	132	111	2.86
对××公司产品更新速度的评价	156	152	154	81	70	2.60
对××公司产品价格的评价	189	65	75	115	169	3.02
××公司市场竞争总体情况评价	—	—	—	—	—	2.82

定性研究在本科论文中具有广泛的应用价值,其有助于揭示现象的本质和规律,为决策提供科学依据。定性研究在理论构建、数据分析与结论形成方面有重要作用。因此,在本科毕业论文写作中,研究者应重视定性研究方法的运用,并结合实际情况选择适当的研究方法和技术手段,以提高论文的质量和水平。

2. 定量研究

定量研究作为社会科学研究的重要方法之一,其在本科论文写作中占据重要地位。它通过运用统计学和计量经济学等工具,对研究对象进行精确化、数字化的描述和分析,用数理统计工具来分析被量化的经验观察结果,从而揭示现象背后的数量关系和规律,确定事物之间的因果关系。它包含问卷法、量表法、实验法等。从具体方法上来说,定量研究是一种利用结构化研究方法,调查大量样本,搜集数据资料,并对资料进行统计分析的研究方式。定量研究在科学研究中占据重要地位,其目的是对事物进行量化描述和分析,以揭示事物的数量关系和规律。定量研究的基本流程如图2-23所示。

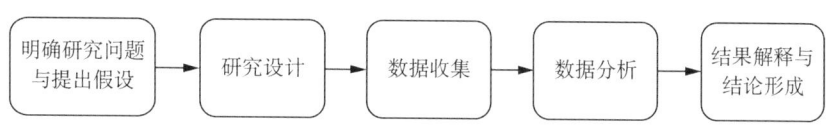

图 2-23 定量研究的基本流程

以下是定量研究的基本步骤和要素:

(1) 明确研究问题与提出假设。在此环节,研究者应当明确研究问题,提出合理的假设,为定量研究提供明确的方向和目标。

(2) 研究设计。在此环节,研究者应当根据研究问题和假设,设计合适的研究方案,包括样本选择、数据收集方法和数据分析工具等。

(3) 数据收集。在此环节,研究者应当通过问卷调查、实验、观察等方式收集量化数据,确保数据的准确性和可靠性。

(4) 数据分析。在此环节,研究者应当运用统计软件和方法对数据进行处理、描述、分析和检验,揭示数据之间的关系和规律。

(5) 结果解释与结论形成。在此环节,研究者应当根据数据分析结果,解释研究发现,验证或修正研究假设,形成科学的结论。

示例 2-6

定量研究示例

采用定量及定性分析,根据近5年财务数据指标的变动趋势,以及调查问卷显示的结果,提出××公司存在的相关问题。

表 2-5　××公司 2019—2023 年总资产报酬率　　金额单位:万元

项目	2019 年	2020 年	2021 年	2022 年	2023 年
息税前利润	32 086.81	34 500.44	31 069.55	22 516.37	4 958.31
平均资产总额	137 415.25	160 001.97	169 973.41	213 634.52	251 913.42
总资产报酬率	23.35%	21.56%	18.28%	10.54%	1.97%

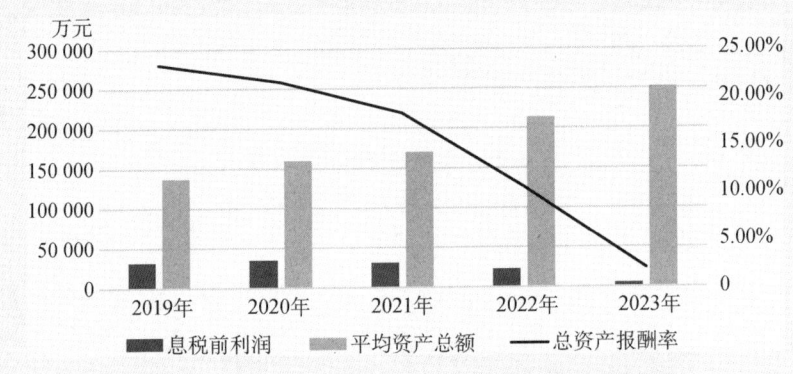

图 2-24　××公司 2019—2023 年总资产报酬率趋势图

表 2-6　关于××公司经营管理的问卷调查结果($n=613$)

项目	1 分	2 分	3 分	4 分	5 分	平均分
对××公司经营管理制度的评价	192	193	154	44	30	2.23
对××公司组织架构的评价	145	156	157	60	95	2.68
对××公司销售模式的评价	212	197	174	22	8	2.05
对××公司营销策略的评价	181	167	185	41	39	2.33
××公司营销能力总体情况评价	—	—	—	—	—	2.32

如表 2-5 和图 2-24 所示,××公司 2019—2023 年的总资产报酬率由 23.35%下降为 1.97%。如表 2-6 所示的问卷调查结果,对××公司销售模式的评价的项目得分最低,得分为 2.05 分。

第五节 结论构建

在论文写作过程中,研究者常常需要结合具体企业进行实证研究,针对企业存在的问题进行深入分析并提出相应的对策。论文研究的核心问题可能来自企业的实际运营过程,也可能来自研究者在研究过程中发现的理论或实践问题。在成因分析环节,研究者需要运用理论知识和实践经验,对提出的问题进行深入剖析。研究者通过收集数据、分析案例、运用相关理论等方法,找出问题的根本原因。研究者要确保分析过程的科学性和严谨性,避免主观臆断和片面理解;根据成因分析的结果,研究者需要提出有针对性的对策。对策应该紧密结合企业的实际情况,具有可操作性和实用性。对策的提出应遵循"具体问题具体分析"的原则,避免一概而论或过于笼统。同时,对策应具有创新性和前瞻性,能够为企业的未来发展提供有益的参考。

示例 2-7

结论构建示例

根据[示例 2-5]提出的××公司存在相关问题,进行成因分析并给出具有针对性的解决对策。

成因分析:目前××公司仍维持着线上销售的方式,保持着传统的营销理念,××公司强调"产品",但是合乎品质要求的产品,消费者并不一定满意。××公司过度依赖供货商,缺乏自身的主动性和创造性,没有创新的意识。在销售模式上,××公司没有做到线上线下销售模式一体化。品牌的知名度低,销售模式不够新颖,不能达到不同年龄段客户的认可度与认知度。单一化的销售模式不利于企业产品的销售,从而也就影响了××公司的盈利能力和总资产报酬率。

解决对策：××公司应该在稳定线上市场份额的同时，加大力度开拓线下销售市场。××公司应着力构建企业线上引流、线下体验的一体化营销体系。××公司应打造智慧链供应服务，为客户提供更精准更便捷的服务，打破销售单一的壁垒。××公司应加强品牌的宣传力度，通过广告、网络宣传的方式，提高××公司的知名度，实现线上引流，扩大销售群范围、引进人才和技术，创新销售模式。实现消费者脑海的"品牌突围"。在宣传创新的同时，××公司也要注意品牌的售后问题，通过对销售模式的创新与改变，进一步加强∗∗公司的盈利能力。

学习效果达成训练

一、知识体系自主建构训练

1. 请你运用思维导图对本章内容进行系统化总结。
2. 请你根据思维导图,将研究设计的整体内容与你所学过的专业理论和相关基础知识进行关联分析,深刻理解理论与实践的辩证关系。

二、知识运用与能力生成训练

1. 请你借助之前查阅过的文献,或者重新查阅你关注的主题的文献,按照研究设计的一般过程进行复盘,逐一分析其研究问题、研究目的、研究范围、研究类型、研究涉及的关键变量、研究方法分别是什么。
2. 接上一题,请你选择2~3篇文献,绘制其研究路径,概括其创新点。如果由你来完成这个题目,你将选择什么研究方法进行研究?请绘制你的研究路径图,概括你的预期创新点。

三、高阶思维意识生成训练

1. 请你用马克思主义的系统思维、矛盾分析方法和认识论,通过剖析前人的研究设计和复盘你自己的研究设计,从经济学、管理学的学科视角和统计分析方法对研究设计进行评价。
2. 请你用习近平新时代中国特色社会主义思想和历史唯物主义观点,正确认识和深刻剖析前人研究设计中所选用的研究模式、理论方法和分析技术的历史背景和现实价值,并再次梳理与评价你的研究设计。

第三章

毕业论文结构设计

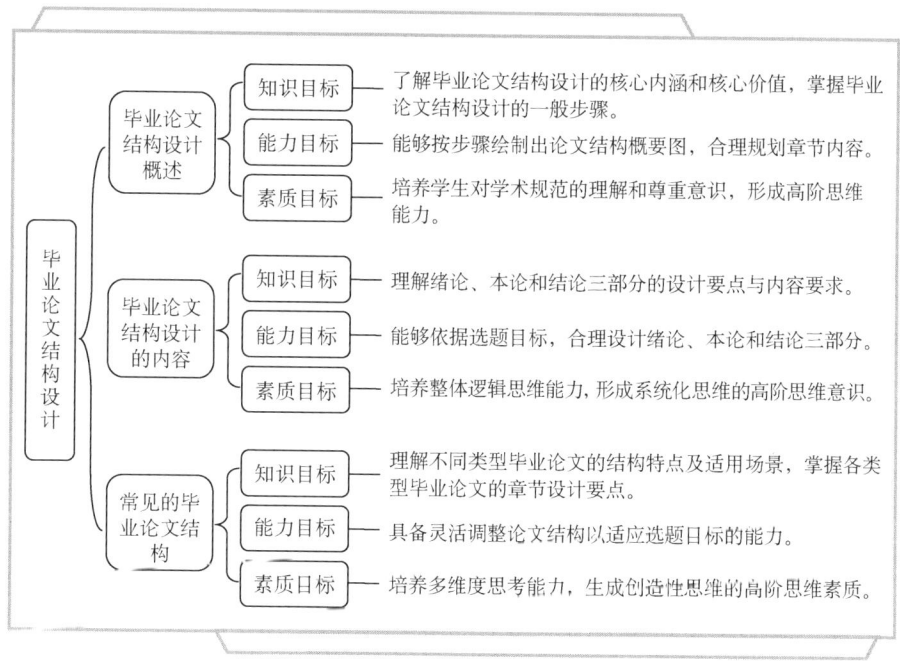

毕业论文结构设计学习目标

学习导引

思维导引

在本章,学习者应运用马克思主义的系统观点和逻辑思维方法,深刻剖析经管类本科毕业论文结构设计的本质特性,从价值论视角认识和理解毕业论文结构设计的核心内涵;自觉运用系统论和演绎逻辑思维构建毕业论文的基本框架结构;运用矛盾的特殊性和一般性规律原理搭建不同类型毕业论文的基本结构。

实践导引

在实践中,学习者应始终以系统论、矛盾论、认识论的马克思主义哲学视角来观察、分析和理解毕业论文的框架结构设计问题,自觉形成高阶思维意识。

第一节　毕业论文结构设计概述

毕业论文结构设计概述如图 3-1 所示。

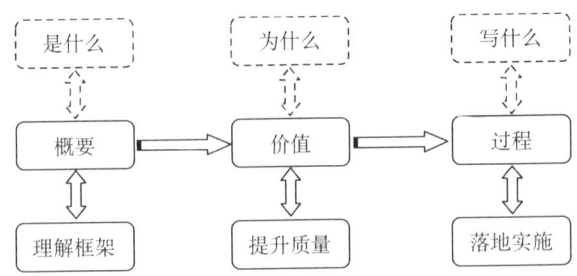

图 3-1　毕业论文结构设计概述

一、毕业论文结构设计概要

毕业论文结构是指毕业论文的组织框架和内部构造,即毕业论文的谋篇布局。毕业论文结构设计内容包括:构建逻辑框架、梳理逻辑分层以及结合逻辑关系明确各章节内容,从而符合毕业论文结构严谨、首尾呼应、层次清晰、服从主题、疏密有致的基本要求。毕业论文的一般结构如图 3-2 所示。

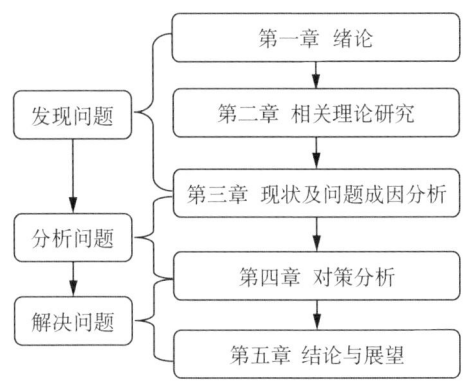

图 3-2 毕业论文的一般结构

二、毕业论文结构设计的双向价值

毕业论文结构设计的价值在于提升作者的逻辑思维能力、学术形象和学术影响力,同时为读者提供更易理解、更高效获取信息的阅读体验,促进知识的传递和应用。毕业论文结构设计的双向价值如图 3-3 所示。

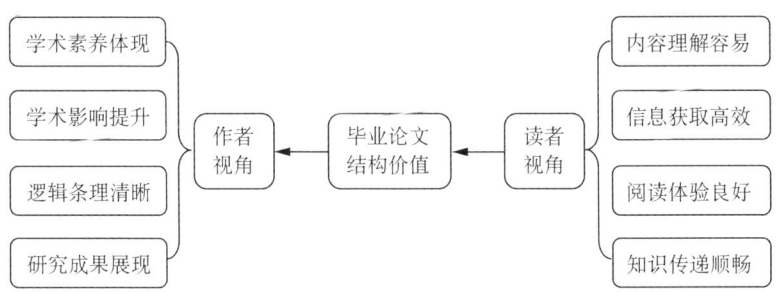

图 3-3 毕业论文结构设计的双向价值

1. 作者视角

通过精心设计论文结构,作者能够清晰有序地组织研究成果,展现出逻辑性和条理性,不仅能够提升个人的写作效率和表达能力,而且可以体现出其对学术规范的遵循与对读者阅读体验的重视,从而展示出作者的学术素养和专业水平,进而提高论文的学术影响力。

2. 读者视角

通过优化论文结构设计,读者可以更轻松地理解和消化论文内容,迅速把握主旨要点,节省阅读时间;同时,良好的结构设计能够提高读者的信息获取效率,读者可以快速定位所需信息,提升阅读效率;此外,良好的结构设计也给读者带来更愉悦和流畅的阅读体验,使读者更享受阅读过程;最重要的是,优秀的结构设计有助于顺畅地传递知识,读者能够更好地理解研究成果和方法,并将其应用于实际工作或进一步的学术研究中。

三、毕业论文结构设计的一般过程

毕业论文结构设计是毕业论文写作的一个重要的起步阶段,毕业论文结构设计的过程如图3-4所示。

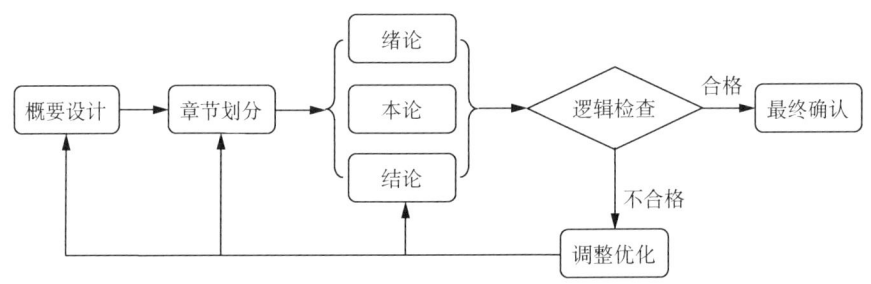

图3-4 毕业论文结构设计的过程

1. 概要设计

在开始毕业论文结构设计之前,作者需要制订一份概要设计,将论文的整体结构进行概括和规划。这份设计类似于论文的蓝图,包括各个部分的主题和内容大纲,有助于确保论文思路清晰、条理清楚,避免偏离主题或内容重复。

2. 章节划分

论文通常被划分为绪论、本论和结论三大部分。在绪论部分，作者应该引入研究背景、问题陈述和研究目标，为后续内容的展开做好铺垫；在本论部分，作者应具体展开研究过程、方法和结果；在结论部分，作者应对研究成果进行总结，强调研究的意义和可能的应用价值。

3. 逻辑检查

在写作过程中，作者应该定期进行全面的逻辑检查，确保论文各部分之间的逻辑关系和流畅性，确保论文整体结构有序、连贯，使读者能够轻松跟随作者的思路，理解论文内容。

4. 调整优化

根据导师反馈和自身检查结果，作者应随时调整和优化论文结构。这个过程是动态的，可能需要多次修改和调整。作者应注意确保关键细节不被忽视，并根据需要重新排列章节或调整段落顺序，以提高论文的连贯性和可读性。

5. 最终确认

在最终阶段，作者应再次确认论文结构，确保每一部分都充实且符合论文整体目标，最终确保论文的完整性和一致性，同时也对之前的调整优化工作进行最终检验。

第二节　毕业论文结构设计的内容

一、绪论

绪论是论文的开篇部分，对于整篇论文的阅读和理解至关重要。作者在绪论中要清晰地呈现研究背景、研究目的、研究意义，综述国内外研究现状,并明确阐述研究的方法和思路,以确保绪论的质量和效果。绪论作为整篇论文的引子,其内容的基本结构如图3-5所示。

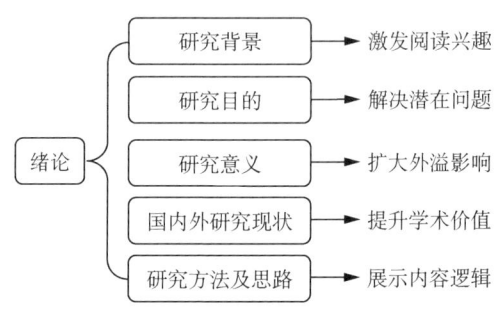

图3-5 绪论内容的基本结构

1. 研究背景

研究背景是绪论的开端,是引导读者理解研究课题重要性和必要性的关键部分。在介绍研究背景时,作者应该阐述本研究的背景信息,这包括相关行业、领域或学科的发展现状,以及可能存在的问题或挑战。通过详细介绍,作者引出研究中需要解决的问题,从而引起读者的兴趣和关注。

2. 研究目的

研究目的部分要清晰地表达作者进行该研究的动机和目标,这部分需要解释研究结果可能对解决现实问题有实践价值等,从而使读者认识到研究的必要性。

3. 研究意义

研究意义部分要重点展示研究对于学术界和实践领域的重要意义。这部分需要解释研究结果对推动学科发展或提供新的见解等方面的价值,从而使读者认识到研究的重要性。

4. 国内外研究现状

国内外研究现状部分要对该领域的已有研究进行分析和综述。通过回顾相关领域的文献,介绍国内外学者对论文的研究情况和主要观点。这部分作者不仅要介绍已有研究的进展和成果,还要指出现有研究的不足之处或存在的问题,从而为自己的研究定位和贡献提供依据。

5. 研究方法及思路

研究方法及思路部分要清晰地介绍本篇论文选择的研究方法和设计思路。阐明作者所采用的研究方法是什么,为什么选择这种方法,以及如何运用这种方法来解决研究问题。同时,作者还要说明研究的具体步骤和流程,通过研究思路图等方式清晰明了地展示给读者。这部分的目的是让读者快速了解作者的研究重点和思路脉络,同时也为后续研究内容的展开做好铺垫。

二、本论

本论是整个研究的核心,包括详尽的研究过程和具体内容。在本论中,作者要深入探讨研究问题,回答绪论中提出的疑问。按照论文的整体架构,逐一呈现研究的各个方面。本论的每一章节或小节都应当有清晰的主题,论证过程应当紧密联系,以确保论文的逻辑性和完整性。本论是论文的主体,本论内容的基本结构如图3-6所示。

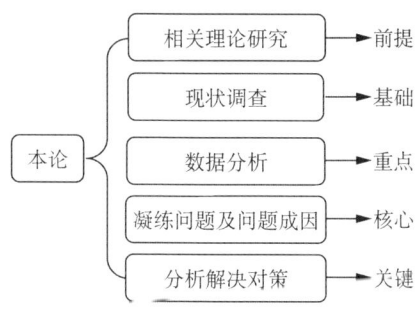

图3-6 本论内容的基本结构

1. 相关理论研究

相关理论研究部分是本论的前提,该部分需要介绍作者在研究领域中涉及的相关理论、模型、概念等内容。作者通过系统性地介绍相关领域的理论框架,解释这些理论对研究问题的发现和解决提供哪些帮助。这部分的目的是为后续的研究工作提供理论支持和理论基础。

2. 现状调查

现状调查部分是论文的基础,该部分需要描述收集到的数据来源、采集方法和样本特征,并对数据进行整理展示。

3. 数据分析

数据分析部分是论文的重点,该部分描述数据的基本特征、变量间的关系以及可能存在的趋势或规律。作者通过使用适当的统计分析方法对数据进行处理和解释,以支持研究结论。

4. 凝练问题及问题成因

凝练问题及问题成因部分是论文的核心,作者需要深入剖析研究中存在的问题,并探讨问题的根源和成因。结合数据分析结果的解释和比较,发现其中的不足或局限性,从而识别出研究中存在的问题。最终要清晰地分析问题的成因和影响,并指出其对研究结果的影响。

5. 分析解决对策

分析解决对策部分是论文的关键,作者需要根据问题分析的结果,提出解决问题的具体措施和建议。同时,作者要清晰地阐述解决对策的科学性和可行性,并说明其对解决实际问题的实用价值和应用前景。

三、结论

结论作为整个论文的收尾部分,是整个研究的总结和升华。作者对研究的整体进行总结,并提出自己的见解和建议。在结论中,作者要回顾研究的目标和问题,总结研究的主要发现,并探讨这些发现对相关领域的影响,指出研究的局限性,提出未来研究的方向。结论应该与绪论和本论紧密呼应,形成一个完整的论文闭环。结论内容的基本结构如图3-7所示。

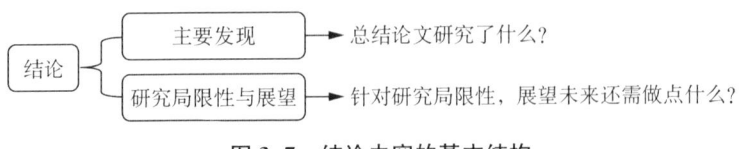

图3-7 结论内容的基本结构

1. 主要发现

结论部分是整篇论文的收尾,也是研究工作的总结和归纳。作者要简明扼要地总结研究的主要发现和结论。这包括对研究问题的回答、研究假设的验证以及实验结果的分析和解释。作者应该突出强调研究工作所取得的重要成果和贡献,并将其与研究目的和意义相联系。

2. 研究局限性和展望

在介绍研究局限性和展望时,作者需要诚实地反思自己研究工作的局限性和不足之处。这可能包括数据样本的局限、研究方法的局限、研究范围的局限等。作者应该明确指出这些局限性可能对研究结论的准确性和可靠性产生的影响,并提出相应的改进建议。同时,作者还应该展望未来的研究方向和可能的拓展空间,指出当前研究工作尚未涉及的问题和需要进一步探索的方向,为后续研究提供参考和启示。

第三节 常见的毕业论文结构

《普通高等学校本科专业类教学质量国家标准》(2018 版)鼓励并提倡经管类各专业学生采取学术/科研论文(理论/应用研究型)、案例分析型、调查报告型、诊断报告型、管理实验/模拟型和创业设计/模拟等形式完成毕业论文(设计)。此处我们主要选取学术研究型、应用研究型、调查报告型和案例分析型进行说明。常见的毕业论文结构如表 3-1 所示。

表 3-1 常见的毕业论文结构

类型	特点
学术研究型	钻研理论方法的构建分析
应用研究型	强调实际问题的提炼解决
调查报告型	侧重实证调查的整合分析
案例分析型	注重理论模型的现实应用

一、学术研究型论文的结构

学术研究型论文结构设计的重点在于强调对理论的深刻构建与分析,追求逻辑层次的清晰,注重理论的验证与拓展。具体的论文结构设计参考如下:

第一章:绪论。

在绪论中,学术研究型论文通常介绍研究的背景,明确研究的目的和意义,作者通过总结国内外研究现状,提出研究的方法和思路,为读者提供研究框架的整体认识。

第二章:相关理论概述。

第二章通常是论文中的相关理论基础部分,其目的是介绍与研究主题相关的理论知识、概念和模型。在书写第二章时,相关理论概述部分内容应包括对基本理论概念的介绍、理论模型阐述、理论假设和假说的提出以及对相关理论的应用和发展等内容。

第三章:研究设计与建模。

第三章通常包括对理论模型的假设和逻辑的解释。理论分析部分是论文的核心,在其中作者要详细阐述研究设计,明确关键概念,提出理论模型,并展开深入的理论探讨。

第四章:实证及应用分析。

在理论补充与验证中,作者可以通过实证分析、案例验证或其他方法,进一步验证或修正前述的理论模型。同时,作者也可以在此部分拓展理论的适用范围和对特定问题的解释能力。

第五章:结论与展望。

第五章对整个研究进行全局概括,强调研究的主要发现和对研究问题的总结。作者还可以在结论中提出对未来研究的建议,突出研究的创新点和学术贡献。

学术研究型论文的结构如图3-8所示。

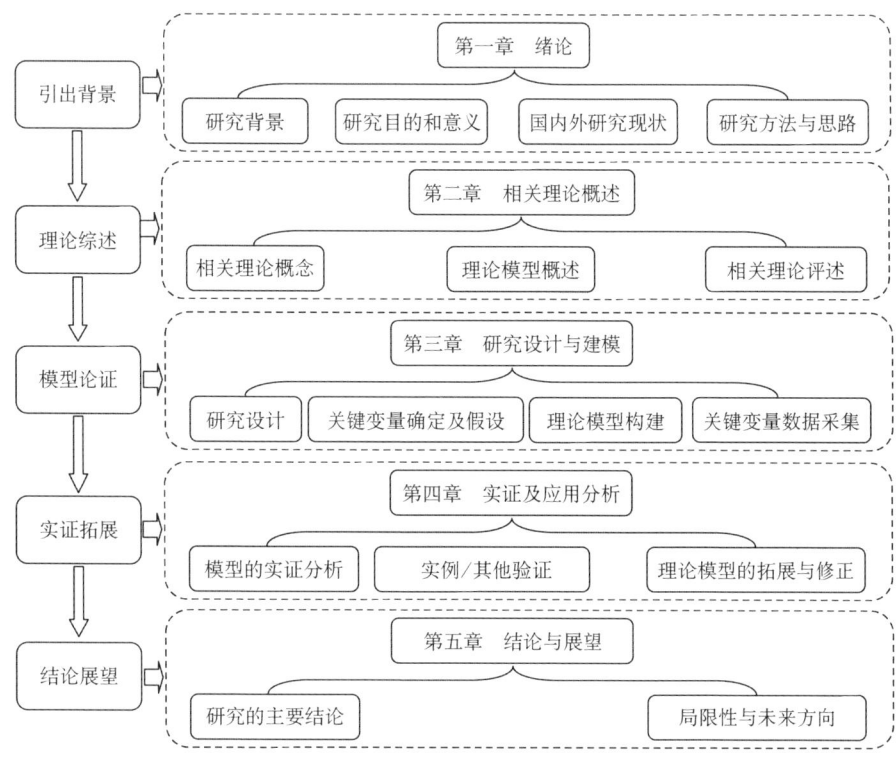

图 3-8 学术研究型论文的结构

二、应用研究型论文的结构

应用研究型论文的结构特点主要体现在其强调对实际问题的解决，突出研究的实用性和应用导向性。具体的论文结构设计参考如下：

第一章：绪论。

在绪论中，作者应先介绍研究的背景，明确研究目的，提出研究的重要性和实际意义，对国内外学者的已有研究成果进行综述并总结研究方法与研究思路。

第二章：相关理论概述。

在第二章，作者应综述归纳相关研究领域的理论概念，探讨理论与实践的联系，提出研究的假设或问题，并分析不同理论之间的关联和差异。这部分为研究提供了理论基础和指导，确保后续研究在理论框架内进行，并为读者提供了全面的理论背景。

第三章：研究设计与现状分析。

在第三章，首先，作者应当详细介绍研究对象所涉及的业务范围和相关主要信息；其次，进行研究设计，包括关键要素的选取及其获取方法；最后，结合现实数据收集和分析，总结分析研究对象面临的问题，为后续的问题原因分析奠定基础。

第四章：问题原因分析。

在第四章，作者要针对现状调查与数据分析结果，运用定性、定量（包括但不限于相关分析、回归分析）等方法，找出研究对象现状表象背后的深层次原因。

第五章：问题解决对策。

在第五章，作者通过理论与实践相结合的方法，针对问题原因给出有针对性的解决对策。

第六章：结论与展望。

在最后一章，作者对整个研究进行总结，回顾研究的主要发现，评价研究的局限性，提出进一步研究的建议和未来方向，为读者提供对研究的整体认识。

应用研究型论文的结构如图3-9所示。

三、调查报告型论文的结构

调查报告型论文结构设计侧重实证调查，注重实地观察和数据分析，以解决实际问题为主要目标。调查报告型论文的结构如图3-10所示。

第一章：调查目的。

在第一章，作者应当介绍调查的背景、目的，明确研究问题，并提出调查的重要性和必要性。此章节意在突出调查的背景和动机，引起读者对调查主题的兴趣。

第二章：调查设计。

调查设计包括选取关键要素、确定关键要素获取方法、设计方案细节

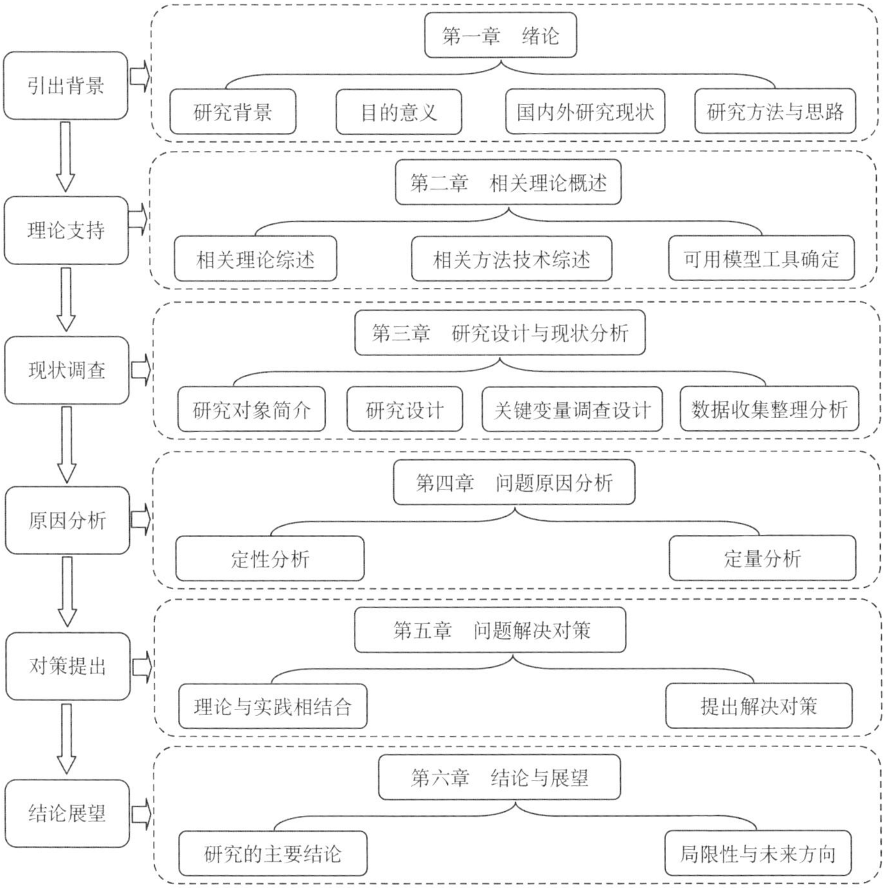

图 3-9　应用研究型论文的结构

并完善,以及制订具体的调查实施计划。首先,作者应当根据调查目标细化选取关键要素,每个要素的获取方法都应经过详细考量,要素获取方法有实测、问卷、访谈等。其次,作者应当针对每个要素采集方式进行具体设计,并对整个方案进行逻辑和因果关系的复查和系统化完善。最后,作者应当制订调查实施计划,包括调查内容、方法、范围和时间安排等,形成调查实施计划书。这一系列步骤确保了调查设计的全面性、系统性和可操作性。

第三章:企业现状调查分析。

在第三章,作者应当描述实地调查的具体情况,对调查对象进行详细介绍和分析。作者应着重阐述实地调查的情况和问题,为读者提供清晰

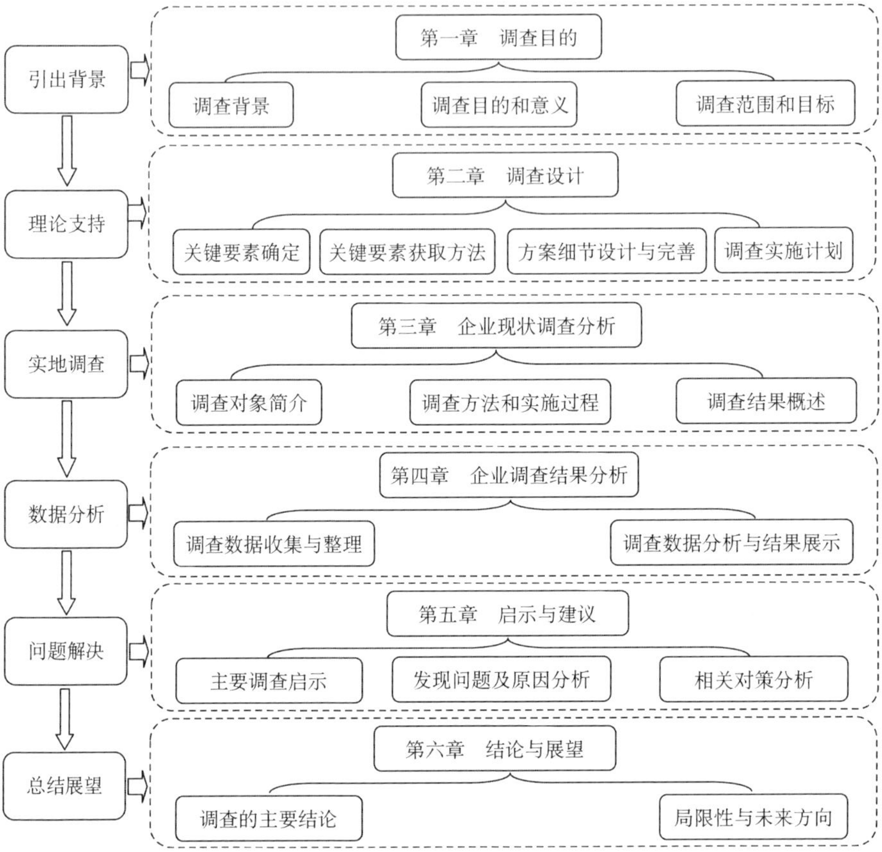

图3-10 调查报告型论文的结构

的背景认识。

第四章:企业调查结果分析。

在第四章,作者应当展示和分析调查所得的数据,提供真实的调查结果,企业调查结果包括图表等形式。作者应注重数据的客观性,通过实际数据呈现调查成果。

第五章:启示与建议。

在第五章,作者应当针对调查发现的好经验,总结出可供企业参考的启示。作者应对调查发现的问题进行成因分析,并提出解决方案和可行性建议。在该部分的写作过程中,作者应突出对问题的解决思路,强调实用性和操作性。

第六章:结论与展望。

在第六章,作者应对整个调查进行总结,强调调查的主要发现和成果。在该部分的写作,作者应突出对调查的整体认识,强调对问题的综合解决。

四、案例分析型论文的结构

案例分析型论文的结构设计注重深入挖掘案例的细节,运用学科相关的理论和方法进行分析,并通过对案例的论证和讨论展示作者的独立见解和深刻理解。案例分析型论文的结构如图 3-11 所示。

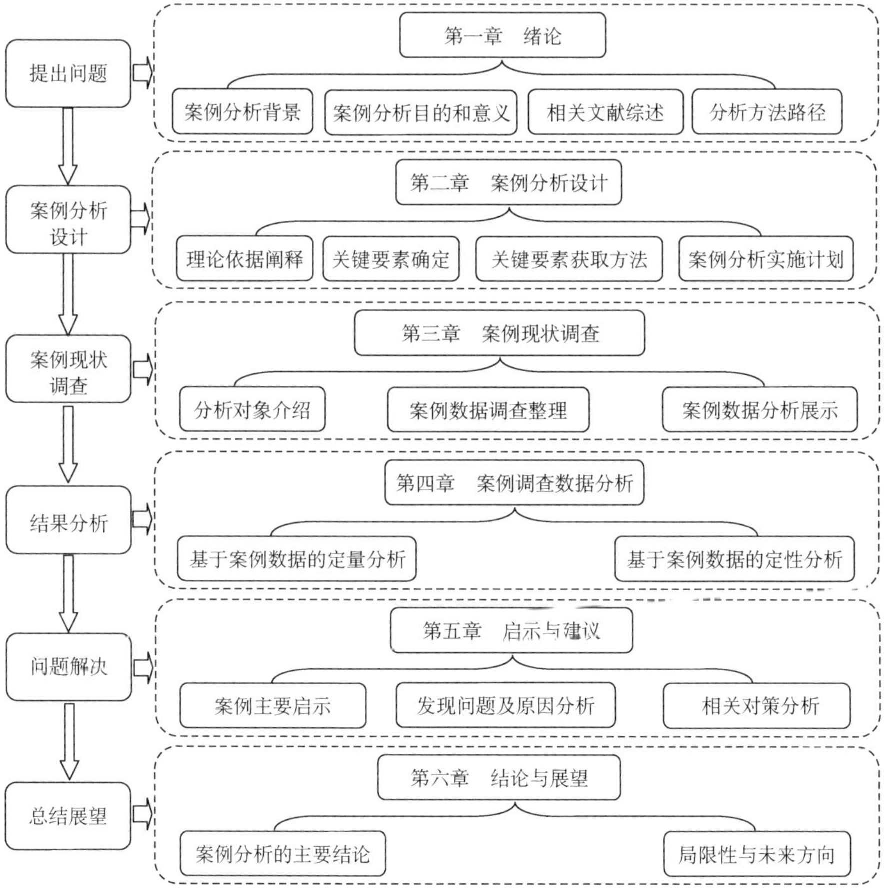

图 3-11　案例分析型论文的结构

第一章：绪论。

在绪论中，作者应介绍选取的案例分析的背景，明确案例分析的目的和意义，对相关领域的文献进行系统回顾，评估国内外学者已有的研究成果。作者还应规范研究方法，运用研究思路图等方式清楚展示自己的研究思路。

第二章：案例分析设计。

在第二章，首先，作者应对案例分析的相关理论进行说明；其次，分解案例分析目的，将其做为关键要素，作者应确定关键要素获取方法；最后，作者应设计方案细节并完善，以及制订具体的案例分析调查实施计划，包括案例分析的内容、方法、范围和时间安排等，形成实施计划书。这一系列步骤确保了案例分析设计的全面性、系统性和可操作性，从而为案例分析的顺利进行提供了坚实基础。

第三章：案例现状调查。

在第三章，作者应详细描述选取的案例，包括案例数据收集方法、数据整理过程、数据分析方法、数据分析结果以及问题的提出。通过科学的方法和逻辑推理，深入剖析案例并揭示其背后的规律和内在关系，为案例研究的结论提供可靠的依据和支撑。

第四章：案例调查数据分析。

在第四章，作者应针对案例数据，运用相关理论和方法进行分析，揭示问题的本质，并进行合理的实证论证与分析。

第五章：启示与建议。

在第五章，作者应针对案例调查分析的经验发现，总结出可供企业参考的启示。对于发现的问题，作者应进行成因分析，并提出解决方案和对策。

第六章：结论与展望。

在第六章，作者应对整个案例分析进行总结，强调案例分析的主要发现和成果，并提出案例分析的局限性与未来方向。此章节的写作突出整体认知，强调对案例分析所发现问题的综合解决。

学习效果达成训练

● 一、知识体系自主建构训练

1. 请你运用思维导图等方法对本章内容进行系统化总结。
2. 请你从矛盾的普遍性与矛盾的特殊性的关系原理出发,总结经管类毕业论文的共性规律和个性价值。

● 二、知识运用与能力生成训练

1. 通过知网等平台查阅你关注的学位论文或收集往届学长学姐的论文,针对本章所述的几种论文类型,分别剖析其基本结构,绘制出论文结构图,并依据本章给出的论文结构模板进行对比分析与评价。
2. 根据前述选题和研究设计的相关内容,请你拟订一个论文题目(论文类型不限),并绘制论文结构框架结构图。

● 三、高阶思维意识生成训练

1. 请你用马克思主义哲学,特别是其中的矛盾分析、系统观点、因果分析、联系的观点,深刻体会论文总体结构框架设计的一般过程。
2. 请你以习近平新时代中国特色社会主义思想为指引,根据社会经济活动发展规律和研究目标需要,谈谈你对如何选择恰当的毕业论文类型与结构的认识。

第四章 学术研究型毕业论文撰写

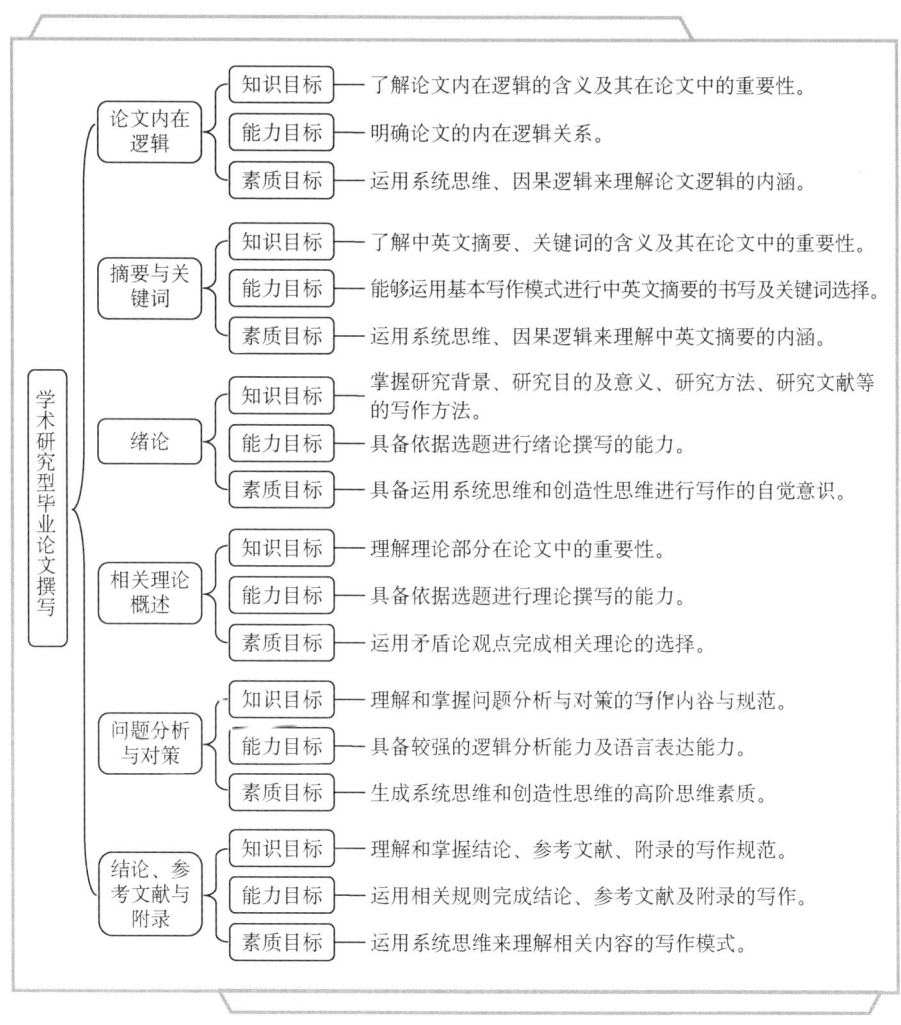

学术研究型毕业论文撰写学习目标

思维导引

在本章,学习者应从学术研究型毕业论文的研究目的与特点出发,运用马克思主义的系统思维方法和科学逻辑,对经管类学术型毕业论文的研究与写作进行分析;运用演绎逻辑和矛盾分析方法,构建学术型毕业论文各部分的内在逻辑关系;坚持理论与实践相结合的研究路径,运用定性与定量相结合的实证分析方法,基于数据和关联分析构建适用的模型,形成论点清晰、论据充分和论证严谨的论文的过程,确保论文研究结论经得起检验。

实践导引

在实践中,学习者应始终以马克思主义的联系观点、矛盾分析方法、逻辑思维理念来深刻理解学术型毕业论文的研究设计、论文总体结构框架设计、研究过程的有序展开等问题,自觉运用高阶思维理念观察、分析和解决社会经济活动中的现实问题。

第一节 学术研究型毕业论文的内在逻辑

从结构上来看,经管类学术研究型本科毕业论文一般分为三个大的部分,即发现问题、分析问题、解决问题,经管类学术研究型本科毕业论文逻辑关系如图4-1所示。

经管类学术研究型毕业论文在章节分布方面一般分为摘要与关键词、绪论、相关理论概述、研究设计与调查、调查数据分析、原因分析与对

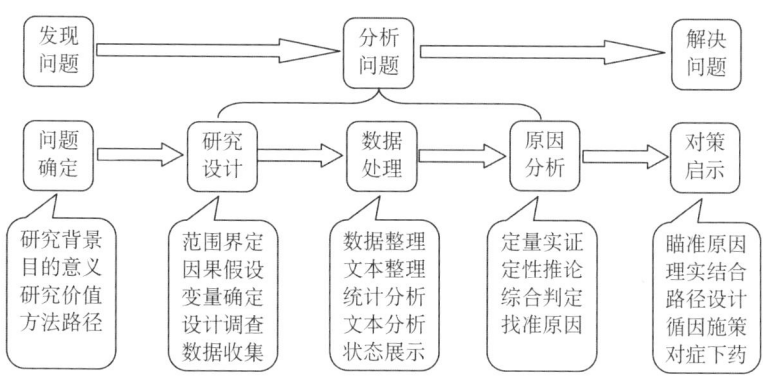

图 4-1 经管类学术研究型本科毕业论文逻辑关系

策、结论等部分,本章就经管类学术研究型毕业论文每个部分如何撰写、有何注意事项进行了总结与论述,意在给经管类大学毕业生在完成毕业论文时,提供一些理论上的指导和写作实践上的帮助。

第二节 摘要与关键词

一、摘要

1. 含义

摘要是对论文内容的简短陈述,是一篇完整的短文。摘要具有独立性,可以独立使用供读者确定有无必要阅读全文,也供文摘等二次文献采用。

2. 内容

摘要一般应说明研究的背景、研究的目的、研究运用的方法、研究结果和最终结论等,重点论述结果和结论。一般来说摘要的内容要素有:研究意义、研究目的、研究方法、过程、研究结论或结果。

3. 写作规范

摘要一般只有一段,字数在 200~300 字。摘要以第三人称撰写,写作时不能出现"本文、笔者"字样,一般以"文章""论文"作为主语进行撰写。摘要中一般不出现数字、公式等具体信息。

4. 示例模板

摘要示例模板

随着……，……××问题变得更为重要（课题背景）。为提高××公司的××，促进××公司的××管理水平进一步提升（课题研究目的），论文以××公司为研究对象，对××公司的××问题进行分析。在对该公司 y 问题现状进行深入调查的基础上，运用××方法（研究方法）对该公司××问题进行了系统分析和预测，剖析了该公司××不足的原因，提出了××改进对策。（研究结果）

二、关键词

1. 含义

关键词是反映论文主题内容的通用专业词汇，其本质功能是用于论文的交流传播，因此，关键词要从研究者的贡献与视角进行选取，体现出作者最希望读者从哪些点关注到论文。

2. 来源

关键词一般先从论文题目、现状介绍、问题分析、原因分析部分中进行选取，论文题目中的研究主题、核心理论、方法、技术背景；现状介绍、问题分析及原因分析中应用的理论、方法（一般不写较为通用的如定性分析、定量分析法、访谈法等）、技术。关键词的来源如图 4-2 所示。

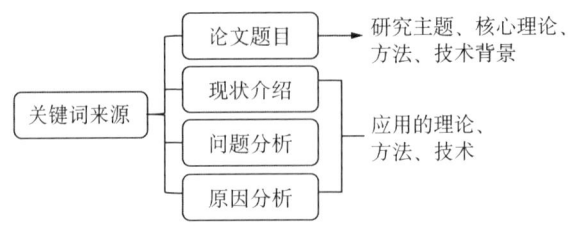

图 4-2 关键词的来源

例如，论文研究题目"基于指数平滑法的招商银行资产管理效率预测研究"，其关键词确定为：资产管理（研究主题）、商业银行（研究对象）、资产管理效率（评价理论中的评价指标）、指数平滑法（研究方法）。又如，论文研究题目"功效系数法下××公司的偿债能力研究"，关键词确定为：偿债能力（研究主题）、长期偿债能力、短期偿债能力（偿债理论中的评价指标）、功效系数法（研究方法）。

3. 关键词选择

关键词以词条的外延层次从大到小排列，数量以 3～5 个为宜，其概念外延由大到小排列；前两个关键词定义研究领域和研究对象（行业），后一个关键词选择研究方法。关键词选择从论文应用的理论、方法、技术和研究对象几个方面出发，首先从题目中进行选择，如运用的理论、方法、技术；如果题目中选择的关键词数量不足则从相关理论中选择，如果还是不足，则在其他部分中选择。不得自造关键词，关键词也不得使用组织名称。关键词的选择方法如图 4-3 所示。

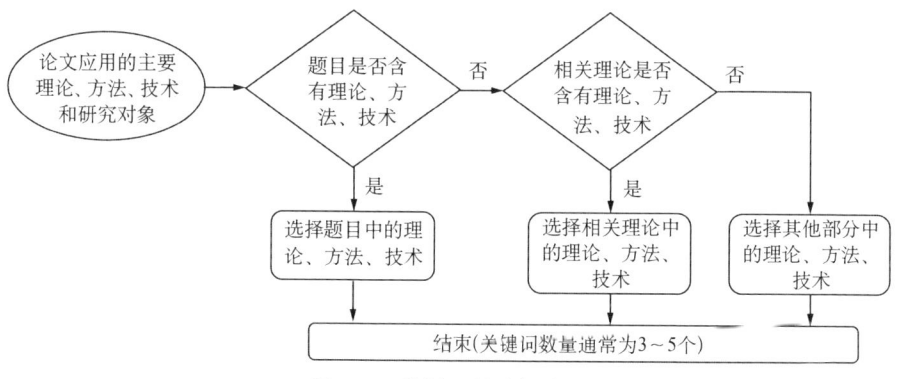

图 4-3　关键词的选择方法

示例 4-1

摘要与关键词阐述示例 1

《基于指数平滑法的招商银行资产管理效率预测研究》

摘要：随着营商环境的不断变化发展，数据显示，招商银行资产管理效率呈下降趋势。(研究背景)为提高招商银行的资产管理效益,促进招商银行的资产管理效率进一步提升,(研究目的)现对招商银行相关指标进行分析。

论文以招商银行为研究对象,在对该行资产管理效率现状进行深入调查的基础上,运用指数平滑法对该行的资产管理效率进行了系统分析和预测(研究方法),剖析了资产管理效率不良的原因,提出了改进对策。(研究结果)

关键词:资产管理;资产管理效率;指数平滑法;预测研究

内容节选自2023年哈尔滨广厦学院余丽君的论文《基于指数平滑法的招商银行资产管理效率预测研究》

示例 4-2

摘要与关键词阐述示例 2

《A外贸公司财务风险管理策略研究》

摘要:改革开放后,尤其是加入世界贸易组织以来,我国对外贸易迅猛发展,对于我国在促进经济快速增长、提升国际竞争力、深度参与全球治理等方面具有重要意义。然而,近年来在国际贸易摩擦压力增大、地缘政治风险加剧的影响下,一些外贸企业的财务风险集聚、暴露,财务可持续问题引人担忧。(研究背景阐述)

本文以"A公司"为案例,对中小型外贸企业财务风险控制策略开展研究。研究过程为:首先,本文构建了一个外贸企业财务风险管理理论分析框架;其次,本文采取经验识别和定量评估的方法对A公司财务风险进行识别与评估,并找出风险控制方面存在的问题;再次,本文对A公司财务管理问题进行原因分析;最后,本文结合A公司财务风险管理存在问题及原因,针对性地从内部控制完善、重要风险管理、汇兑风险规避、收益损失控制等四方面设计了控制策略。(研

究方法与结果)

关键词:外贸公司;财务风险管理;中小企业

内容节选自 2023 年广西师范大学贺俊华的硕士学位论文《A 外贸公司财务风险管理策略研究》

第三节　绪　　论

一、绪论的含义与内容

1. 含义

绪论是对论文研究的方法、思路等方面的总体的概括,强调此项研究在资料、方法上的独特性,以及文章写作的基本思路,以便读者更好地把握文章,并激起读者的阅读兴趣。

2. 内容

绪论一般包括研究背景、研究目的、研究意义、国内外研究现状、研究方法与思路等。绪论主要表达的是在什么背景下展开的研究,研究要达到什么目的,研究成果有何理论和实践上的意义,与研究有关的文献综述及说明研究的价值。绪论的主要内容如图 4-4 所示。

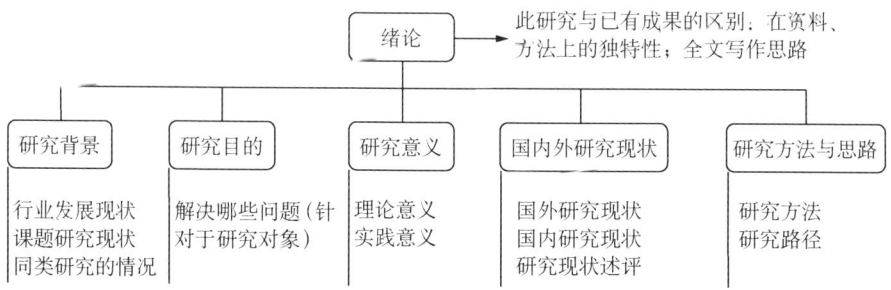

图 4-4　绪论的主要内容

二、研究背景

1. 含义

研究背景主要是表达论文研究主题特定的时代背景,要能够体现研究的迫切性。

2. 内容

研究背景部分的内容应包括研究课题在行业应用中的现状、研究课题在研究对象中的应用情况。研究背景部分的字数应在300~400字。研究背景的主要内容如图4-5所示。

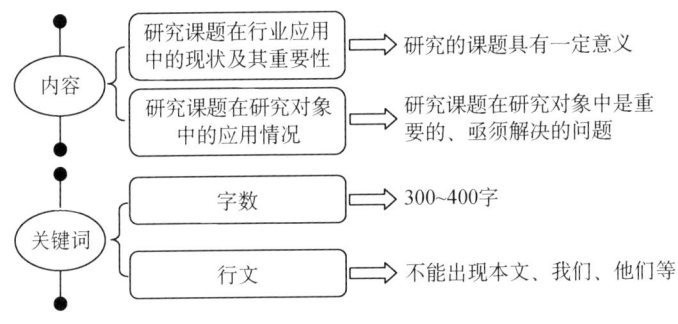

图4-5 研究背景的主要内容

示例4-3

研究背景示例模板

随着……,××行业发展较快。(行业发展情况)×××怎么样,还存在着×××的问题,(还有×××的现实问题亟须解决,)所以,×××是值得深入研究的一个课题。×××,因此,对于该问题的研究具有一定的现实意义。(所以,×××显得十分必要和紧迫。)(研究课题的发展情况)

文章的研究对象是××,××面临××的问题,如何制定相应的××管理对策,以实现公司提出的总体发展目标,是值得研究的。(研究课题在研究对象中的应用情况)

示例 4-4

研究背景示例 1

《乌苏里江医药有限公司生产成本控制研究》

黑龙江省中药企业以中小企业为主,中药企业在医保控费、新版 GMP 改造、两票制等大环境下受到了较大的影响,同时税务监察等系统对企业财务信息的公开化、透明化要求也大大提高。各方压力迫使中小制药企业进行规范化经营,降低成本、寻求合作是企业发展的当务之急。但中小制药企业由于资金、人才等方面的制约,在财务管理体系建设方面存在较大的欠缺,大部分企业的财务管理体系只包含简单的财务核算、财务制度建设、企业融资、企业预算管理活动,难以满足内外环境对于财务管理的要求,如何改进中小企业的财务管理体系成为众多中小制药企业面临的问题,这也是文章研究的主要问题。(研究背景)

内容节选自 2017 年哈尔滨工业大学曲利迎的硕士学位论文《乌苏里江医药有限公司生产成本控制研究》

示例 4-5

研究背景示例 2

《基于指数平滑法的招商银行资产管理效率预测研究》

近年来,随着国民收入水平的提高,资产配置和资产管理效率已经成为一个必须考虑的问题。(研究的问题为资产管理)未来 5 年,中国资产管理的竞争态势将发生变化,银行仍将是主力军。不同银行间的资产管理效率有所差别,银行资产管理效率越高,该行的竞争优势越明显,银行所获利益也会大大增加。(引出行业中资产管理情况及重要性)

因此,对公司资产效率进行预测分析,有助于掌握公司的资产管理情况,也能更好地服务有着不同需求的群体,更有助于找到影响资产管理效率因素关键所在,更好提升企业资产管理效率。

内容节选自 2023 年哈尔滨广厦学院余丽君的论文《基于指数平滑法的招商银行资产管理效率预测研究》

三、研究目的与意义

1. 主要内容

研究目的具体阐述论文写作的目的,从对内(研究的企业)角度出发,明确研究的目的;即该问题的解决研究对于企业的好处。

研究意义阐述问题解决之后对于社会和企业的意义,研究意义分成理论和实践两个部分。研究意义的理论部分从对外(对于整个行业发展、整个理论发展)的角度出发;研究意义的实践部分阐述问题的解决对于企业或类似企业发展的意义。

研究目的与意义的主要内容如图 4-6 所示。

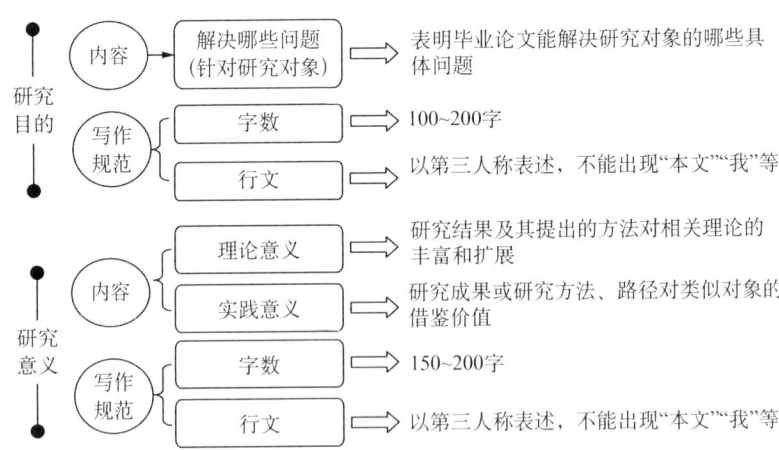

图 4-6 研究目的与意义的主要内容

示例 4-6

研究目的意义阐述示例

《基于指数平滑法的招商银行资产管理效率预测研究》

1. 研究目的

论文基于指数平滑法并根据企业资产负债表、利润表、现金流量表等相关资料,对招商银行资产周转速度进行计算,目的在于(点题)分析招商银行资产的流动性来评估并预测招商银行资产管理效率,找出招商银行在资产管理效率方面存在的问题进而给出相应对策。

2. 研究意义

对招商银行资产管理效率进行预测分析,对报表使用者而言有着不同的意义。(点题)首先,对投资者来说,资产管理分析可以帮助其评估公司的财务安全和资产的盈利能力,以便其做出相应的投资决策。其次,资产管理分析也可以被内部业务经理用来识别未被充分利用和使用的资产,以便其可以处置这些资产,从而节省资金,提高业务绩效。最后,资产管理分析对于研究其他银行或者企业有着重要借鉴意义,可使用同种方法对其他银行进行预测分析,从而找出问题并给出对策。(实践意义)

内容节选自 2023 年哈尔滨广厦学院余丽君的论文《基于指数平滑法的招商银行资产管理效率预测研究》

四、国内外研究现状

1. 国内外研究现状的内容

国内外研究现状在内容方面一般分为国外研究现状、国内研究现状、研究现状评述三个部分,论文可以独立设置三个标题,即国外研究现状、国内研究现状、研究现状评述。论文也可以独立设置两个标题,即国外研究现状、国内研究现状。研究现状评述不单独设置标题。

同时,在内容梳理方面,作者可以根据论文研究关注的核心观点、专业理论、研究方法等,对研究文献进行分类表述。国内外研究现状的主要内容如图4-7所示。

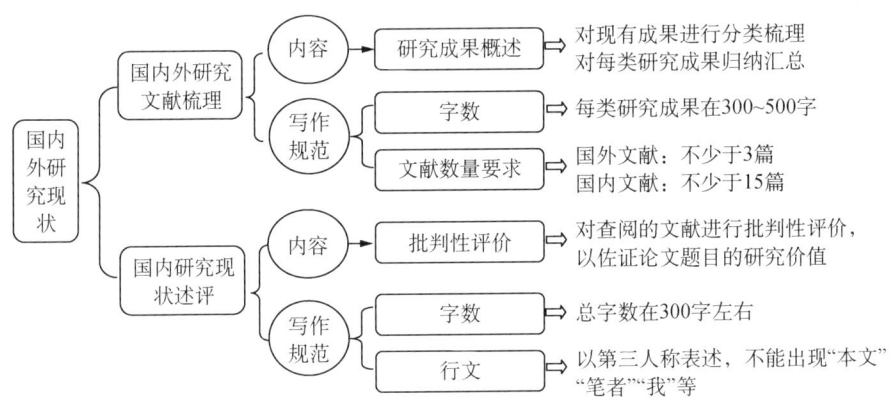

图4-7 国内外研究现状的主要内容

2. 研究文献选取的原则和方法

1) 选取原则

选取和研究主题一致的文献,如研究题目为"××公司盈利能力研究",研究文献选择与盈利能力(搜索关键词:盈利能力)相关的近5年的文献。研究文献可以选取学术期刊论文、会议论文和书籍、报纸上的文献等;大部分财经论文选择学术期刊论文、会议论文和书籍、报纸上的文献,专利和标准相对选择得较少。

2) 选取方法

根据关键词进行电子期刊、纸质刊物选择;对选择的文章进行阅读,整理文献。

中国知网文献搜索操作举例:

(1) 进入知网。通过浏览器搜索中国知网。知网搜索示意图如图4-8所示。

(2) 通过高级检索搜索文献。进入知网页面后,选择高级搜索,输入

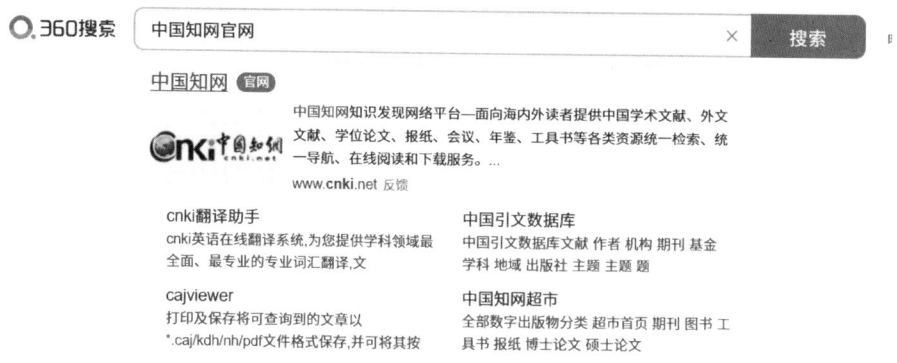

图 4-8　知网搜索示意图

搜索关键词进行搜索。例如，输入"财务管理""风险防控"复合关键词，如图 4-9 所示。

图 4-9　知网高级搜索关键词输入示意图

（3）按照"综合"排序并勾选所需文献。在输入"财务管理""风险防控"复合关键词后点击检索，可得相关文献列表，再点选"综合"选项确定文献综合排序，然后在所需文献前面的方框内打对钩勾选所需文献，所需文献勾选完成后在"导出与分析"菜单中选择"查新（引文格式）"输出勾选文献，如图 4-10 所示。

（4）采用"查新（引文格式）"导出文献。在点击"查新（引文格式）"输出后，可得到勾选文献的查新结果，然后点击"复制到剪贴板"按钮，打开 word 文档，将剪贴板中的内容粘贴到 word 文档中，此时文献检索

图 4-10　在知网搜索并勾选所需文献示意图

即告初步完成,对文献资料进行进一步筛选整理,形成初稿,如图 4-11 所示。

图 4-11　勾选文献导出示意图

3. 国内外研究现状的撰写方法

1) 国内外文献摘录总结

一是按单篇文献的发表时间按顺序摘录总结。作者将搜集到的重要相关文献按照每一篇文献一个段落进行摘录总结,分析其优点和不足。该摘录总结需重点关注相关领域已有的理论框架、研究方法和研究结果。该文献摘录总结的具体写法参见示例4-7。

国内外研究现状撰写——按照单篇文献顺序摘录总结

《基于指数平滑法的招商银行资产管理效率预测研究》

1. 国外研究现状

Ateyah Mohammad Alawneh(2020)研究提出通过分析资产管理中的管理效率比与盈利效益之间的关系。以往的许多论文是基于常规指标和方法研究,而此次采用长期和短期的ARDL模型,进行了许多以前研究没有进行的统计检验,以获得最佳结果。

Tetyana Kovalchuk和Andriy Verhun(2021)的研究目的是确保财务的可持续性和长期性的竞争优势,持续改进资产管理中的问题。该研究基于系统法来解决资产管理问题,在概括资产管理有效性时,采用了抽象逻辑法,即分析综合、归纳演绎、类比比较。所有的计算均采用了半均值和相对值法、建模和变量因子分析法。这些方法的细节不是关注绝对指标,而是动态指标和确定趋势。

2. 国内研究现状

邹旭(2020)认为企业资产管理中存在的问题主要与管理方法落后、管理制度不完善和控制水平低下有关。这会导致公司资产管理出现各种问题,如公司资产的浪费、捏造、破坏或遗弃,最严重的情况会导致公司的资本周转率大幅下降,资金链崩溃,最终导致破产。

张青菊(2021)认为固定资产管理是管理学体系中的重要内容,同时是民营企业内部资产管理的主要构成部分,高效的固定资产管理工作能够有效提高民营企业的发展实力,为其在市场经济环境下的健康发展提供支持。

内容节选自 2023 年哈尔滨广厦学院余丽君的论文《基于指数平滑法的招商银行资产管理效率预测研究》

二是按文献的相似性分类摘录总结。此种方法将收集到的文献区分类别,进行综合叙述,通常可以根据论文题目涉及的专业理论、方法技术和研究路径等方面,将同一类的文献集中在一起进行分类表述。具体写法参见示例 4-8。

示例 4-8

国内外研究现状撰写——按文献的相似性分类摘录总结

《H 银行对公业务发展战略研究》

……

第三,一些专家专注于商业银行战略转型的整体方向研究。中国农业银行农村产业与城镇化金融部课题组(2014)对利率市场化与农业银行县域对公业务转型进行了研究,文章先对国外市场利率变化对商业银行的影响进行了阐述,对我国的商业银行受到的影响进行了分析,提出了公司业务投行化、支持"三农"业务的发展方向。白海晶(2015)认为商业银行面临较大的外部环境变化:经济增长新态势、利率市场化发展、互联网金融发展迅速,这些变化对商业银行的发展提出了较大的挑战,对公业务发展策略应及时调整。胡浩(2015)对我国政府提出的"一带一路"倡议与大型商业银行战略转型关系进行论述,认为"一带一路"倡议对我国商业银行国际化管理水平的提升具有积极意义,但对商业银行对外经营策略等方面都提出了较高的要求。中国人民银行无锡市中心支行课题组(2015)以无锡市中小型银行为例,对商业银行资产业务问题进行了研究,得出如下结论:无锡的中小商业银行发展较快,对公业务从单一的贷款业务发展到贷款资产业务、同业资产业务等,但在发展中还存在一些困难。农业银行泰州姜堰支行课题组李玲、葛金荣、冯锦云、张贵才(2017)对提升对公新兴业务创新水平和竞争能力进行了研究,认为产品创新和服务创新还是对公业务创新的主要内容。

节选自2018年黑龙江大学孙雷的硕士学位论文《H银行对公业务发展战略研究》

2) 国内外文献评述写法

文献评述是指在系统阅读相关文献的基础上,通过归纳整理和批判性思维,对前人的研究成果进行归纳总结,找出前人的理论成果和应用实践对毕业论文的指导作用,从理论、方法等方面分析其局限性和不足之处,在评价前人成果的基础上,佐证毕业论文的研究价值。具体写法参见示例4-9。

示例4-9

研究现状评述示例

《H银行对公业务发展战略研究》

国外学者对于战略理论的研究较早,理论成果也较为丰富,其代表人物较多,如K-R·安德鲁斯、迈克尔·波特、艾尔弗雷德·D·钱德勒等。大部分学者认为企业高层管理者的主要责任就是制定战略、提出战略的主要思想和框架,让中层管理者较为明确地去执行企业战略,战略管理对于企业的指导意义较大。在商业银行的战略研究方面,以往研究使用数据模型分析较多,而且研究和商业银行的实际运营联系紧密,对于商业银行的推动作用较大;随着我国战略管理理论体系的快速发展,战略管理在企业中的应用极为广泛,战略管理

> 已经成为我国商业银行管理的一部分,学者们对于商业银行发展战略的研究与银行的实际结合紧密,但由于我国商业银行的发展与国际商业银行还具有一定的差距,在研究方面较为深入的研究较少,研究的雷同程度较高。
>
> 节选自2018年黑龙江大学孙雷的硕士学位论文《H银行对公业务发展战略研究》

五、研究方法及研究思路

1. 研究方法

研究方法主要包括文献研究法、案例分析法、调查法、观察法、实验法等。论文需要对主要应用的方法进行阐述,并写明该方法在文章中是如何应用的。研究方法的内容与写作规范如图4-12所示。

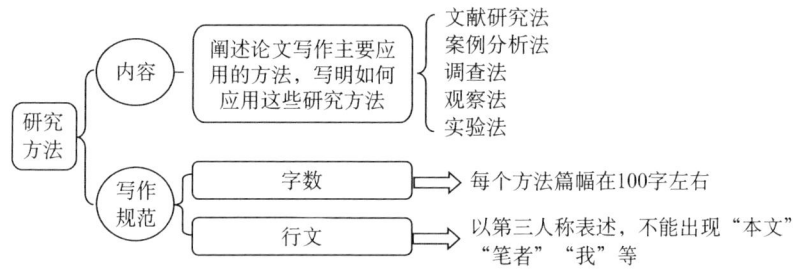

图4-12 研究方法的内容与写作规范

1) 文献研究法

文献的收集和整理分为两个方面。一是文献资料的收集与整理,其体现在论文中的绪论(研究背景、研究现状)和理论部分。二是企业资料的收集与整理,其体现在企业介绍、现状分析、成因分析等方面。

2) 案例分析法

案例分析法是对具有代表性的事物(现象)深入研究而获得总体认识的一种分析方法。该分析方法具有代表性、系统性、深刻性、具体性等特点。其应用的具体步骤为:一是依据分析目的,选择有代表性的事件作为分析研究对象;二是收集被选对象的数据资料(直接资料和间接资料);三是系统整理资料,并依据分析内容进行分类;四是对所要分析的内容(特征、属性、关系等)进行分析;五是综合分析各项分析结果,探求总体的规律性认识。

3)调查法

调查法是研究者为了达到预期目的,通过适当途径,收集研究对象的某一方面情况的各种材料,达到了解研究对象的一种研究方法。该方法在总体上易于进行,调查方法与途径多种多样,调查法中常用的主要有问卷法、访谈法、个案法等。

4)观察法

观察法是研究者根据研究目的、研究提纲制订观察表,用感官和辅助工具直接观察被研究对象,从而获得所需资料的方法。观察法具有目的性和计划性、系统性和可重复性。常见的观察方法有核对清单法、级别量表法、记叙性描述等。

5)实验法

实验法是先进行小规模实验,然后分析通过其得到的结论是否具有大规模推广价值的一种方法。其特点是从影响实验核心变量的诸多因素中抽出一两个因素,观察分析它们与核心变量的因果关系。实验法分为实验室实验法和自然实验法。

《示例 4-10》

研究方法及框架示例

《H 银行对公业务发展战略研究》

1. 文献研究法

在写作的前期,除了商业银行的对公业务的基础理论书籍,作者还对大量商业银行实施的对公业务具体案例进行大量的阅读,尤其是对公业务的风险控制、对公产品创新、对公业务的营销渠道等方面文章,目的是通过对理论的研读真正理解理论的内涵,了解其他商业银行对公业务的发展情况、战略规划情况。

2. 访谈法

在论文写作过程中,为了获得更为准确的信息,作者对H银行的对公业务相关的业务部门、风险控制部门、人力资源管理、战略管理部门的部分人员进行大量的访谈。通过访谈,作者对H银行的发展情况、对公业务管理情况有了深入的了解,为解决措施的提出奠定了良好的基础。

节选自2018年黑龙江大学孙雷的硕士学位论文《H银行对公业务发展战略研究》

2. 研究思路

研究思路根据论文的主要内容完成,对每个部分内容进行概括,论文研究路径图主要从研究的纵向逻辑上表达研究的基本过程,一般的论文研究路径图如图4-13所示。

示例4-11

论文研究路径图示例

研究思路

文章由四个部分组成,第一部分是绪论,其中包括研究目的、意义及国内外研究现状等主要内容;第二部分是针对财务风险防范有关的理论观念进行描述;第三部分以北京首钢为例,对其存在的财务风险进行分析,发现企业存在资本结构不合理、投资方向集中从而导致收益风险加大、应收账款变现能力较弱的问题;第四部分是对北京首钢存在的问题提出相关的风险防范对策。最后是对北京首钢财务风险管理研究的总结。

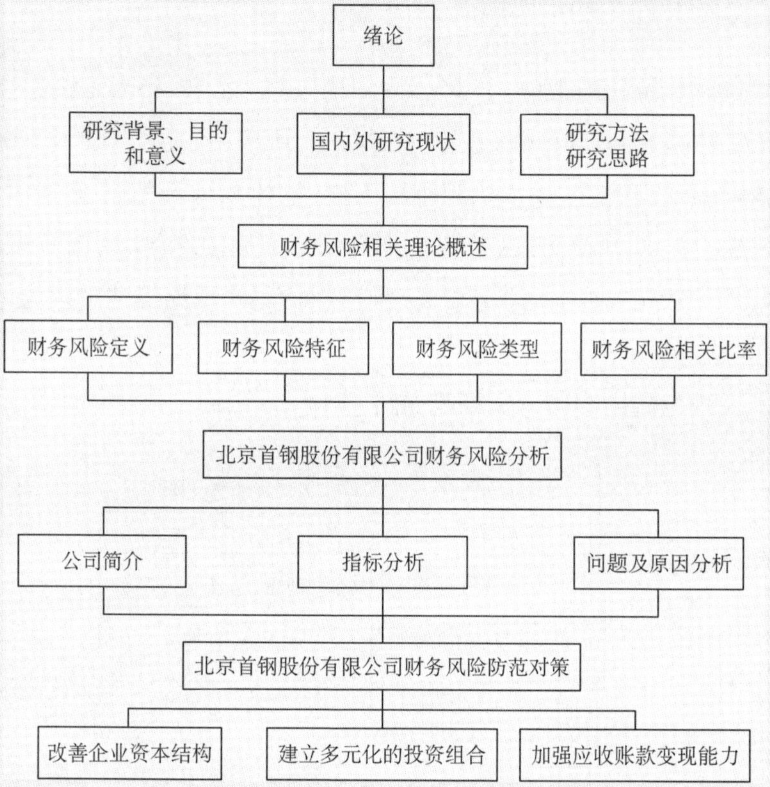

图 4-13 论文研究路径图示例

第四节 相关理论概述

一、相关理论内容

理论和论文研究内容紧密相关,理论要能为第三章、第四章内容做支撑,与这两章紧密相关。例如,第三章写某某公司的业绩评价问题,那么在理论部分就要介绍业绩评价相关理论,前后呼应。

二、相关理论的写作规范

理论阐述要高度概括,每个部分文字尽量均衡。对于本科论文来说,篇幅在一页半到两页较为适合。相关理论一般写三个到四个问题,字数在1 500字左右。该部分一般不对企业相关的管理内容进行介绍,只对理论进行概述,论述可以采取"总-分-总"方式,可以结合图表进行。图表规则按照论文规范进行命名。

标题一般用"理论概述""相关理论",而不是"理论综述""理论回顾"或"理论概要"。

相关理论的内容与行文规范如图4-14所示。

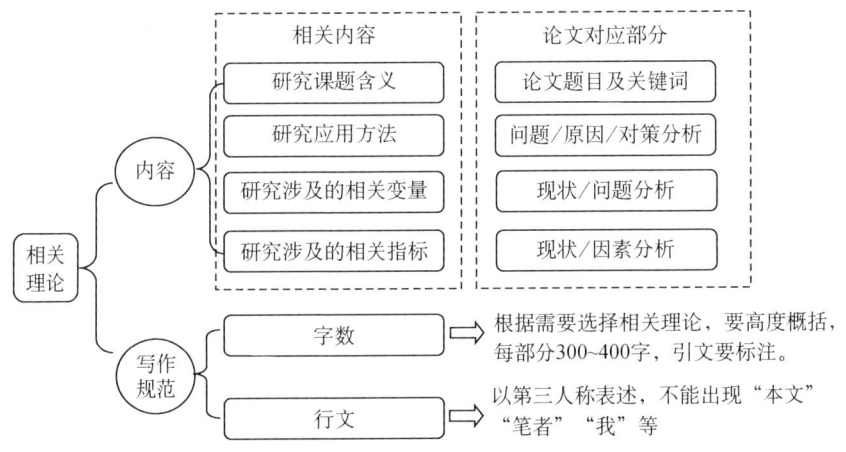

图4-14 相关理论的内容与行文规范

示例4-12

相关理论阐述示例

《基于指数平滑法的招商银行资产管理效率预测研究》

二、资产管理效率相关理论

(一)资产管理效率理论

有效的资产管理主要指的是资产管理的效率和效果。资产管理效率通常指的是资产周转率(即资产回收效率),资产管理效率指企业各项资产所占用的资金与其创造的收益之间的比率,通常情况下,从资产使用效率及使用效果两个方面对其进行评价,反映了人们的投资和由此带来的收益之间的关系。

节选自2023年哈尔滨广厦学院余丽君的论文《基于指数平滑法的招商银行资产管理效率预测研究》

第五节　问题分析与对策提出

问题分析与对策提出是论文的核心内容,其主要内容与写作规范如图4-15所示。

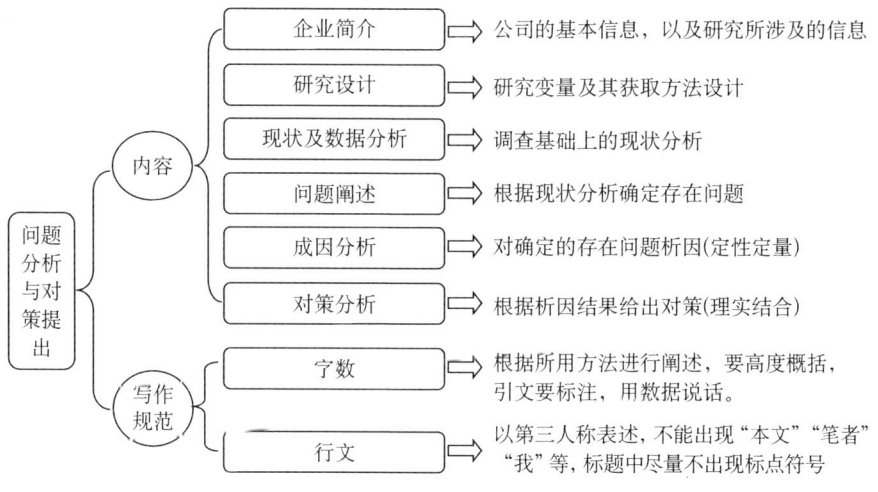

图 4-15　问题分析与对策提出的主要内容与写作规范

一、问题分析

问题分析包括一般四个部分,企业介绍、研究设计、数据处理/分析、原因分析;问题分析和应用的理论、企业现状、对策紧密联系,在结构上独立成为一章。问题提出及其解决过程如图4-16所示。

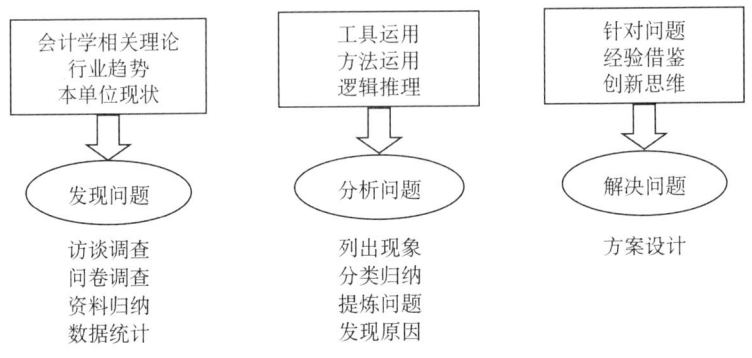

图4-16 问题提出及其解决过程

1. 企业介绍

内容：企业介绍为概况性内容，一般包括企业的经营内容、财务指标等。公司的基本信息包括公司的成立时间、地址、员工人数、主要产品及服务等。公司的经营状况，如公司的销售额、利润、市场份额等。该部分以300字左右为宜。

示例4-13

企业简介阐述示例

《基于指数平滑法的招商银行资产管理效率预测研究》

招商银行已成为一家拥有商业银行、金融租赁、基金管理、人寿保险、离岸投资银行、消费金融和资产管理子公司等金融牌照的上海和香港上市银行集团，具有全球发展的鲜明特色和重大的市场影响力。招商银行财富在2022年的全球500强中排名第174位。截至2022年9月，招商银行在国内银行业中排名第七，资产规模为9.7万亿元人民币，营业收入为2 648.3亿元人民币，排名第五，净利润为1 069.22亿元人民币，平均资产回报率（ROAA）排名第一，平均权益回报率（ROAE）排名第二。A股和H股的市盈率长期以来一直是中国大中型上市银行中最高的。

节选自2023年哈尔滨广厦学院余丽君的论文《基于指数平滑法的招商银行资产管理效率预测研究》

2. 研究设计

研究设计的目的是要说明论文题目研究的核心变量与哪几个变量相关。这些变量及其状态如何获取。这能够为后续的现状分析、原因分析，以及对策分析奠定基础；通过理论与实践相结合，确认研究主题主要受哪些因素影响。我们一般从分析内容、因素获取方法两个方面进行具体阐述。研究设计的一般过程如图4-17所示。

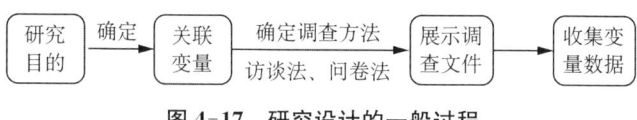

图4-17 研究设计的一般过程

1) 分析内容

说明论文研究的核心变量与哪几个变量相关。

2) 因素获取方法

明确变量及其状态如何获取：逐条列出，文本、图、表都行；根据具体的研究企业特点，通过实地调查（要有方法设计，问卷、访谈、运行数据收集等）确定关键影响因素；对确定的关键影响因素，给出获取方法（要交代调查设计，明确每个因素的现实状态的获取途径）。

示例 4-14

研究设计阐述示例

《基于指数平滑法的招商银行资产管理效率预测研究》

（二）研究设计

1. 资产管理效率分析内容

一个企业的资产管理的有效性受到许多因素的影响，如财务指标、企业的财务政策等。

第一,根据对招商银行工作人员的访谈明确了企业的财务政策。影响资产管理效率的重要因素之一是资产周转率(因素一共有四个),明确研究变量(即因素),确定两个变量的成因,根据流动资产周转率和固定资产周转率的标准值与实际值相比较,可以得知招商银行资产管理效率的高低,从而可以分析出招商银行资产管理效率中存在的问题及原因并给出对策。第二,根据招商银行的各大财务报表可查询出招商银行的营业利润率,基于招商银行的资产管理效率可以比对最佳效率下的营业率和实际效率下的营业率。问题提出及其解决过程如图4-18所示。

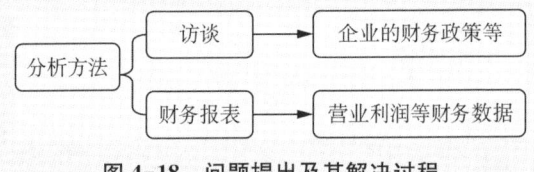

图4-18 问题提出及其解决过程

2. 相关数据获取方法

1) 访谈

关于《招商银行资产管理效率》的采访提纲

① 采访主题:以"招商银行资产管理效率"为主题,对贵公司管理人员和客户进行深度采访。

② 采访目的:通过对贵公司管理人员的采访,深入了解招商银行的管理人员进行资产管理时是如何运行的,以及招商银行的管理人员需要具备哪些知识,为提高资产管理效率总结出更多的经验办法。

③ 采访方法:面对面采访、电话采访。

④ 采访地点:招商银行接待室、服务大厅。

⑤ 采访时间:2023年4月1日、2023年4月5日

⑥ 采访对象及问题:

(1) 采访对象：员工

(2) 采访问题：

第一问：招商银行通过优惠政策能否刺激业务增长从而激发流动资产周转率的提高？

第二问：招商银行的固定资产主要有哪些？

第三问：固定资产的配置和维护以及市场对固定资产的需求是否会影响固定资产的利用率？

第四问：资产管理效率通过哪些指标体现？

第五问：各项指标背后的管理环节是什么？

第六问：有何改善重要指标数据的方法途径？

第七问：拓展中间业务策略能否提高招商银行的营业利润率？

第八问：固定资产周转率对营业利润率是不是有影响？

……

节选自2023年哈尔滨广厦学院余丽君的论文《基于指数平滑法的招商银行资产管理效率预测研究》

示例 4-15

研究设计阐述示例模板

1. 分析内容

根据××××相关理论，可能的原因主要有：×××××、×××××、×××××……其中，××××因素一般通过×××途径影响企业×××；××××因素主要通过××××影响企业……

2. 因素获取方法

1）访谈

关于"×公司××问题"的采访提纲

(1) 采访主题：以"×公司××问题"为主题，对贵公司人员进行了深度采访。

(2) 采访目的:通过对贵公司管理人员的采访,深入了解。

(3) 采访方法:面对面采访、电话采访。

(4) 采访地点:

(5) 采访时间:×年×月×日—×年×月×日。

(6) 采访对象及问题:

① 采访对象:员工

② 采访问题:

第一问:

第二问:

……

(7) 采访总结

整理采访资料后可知……

2) 查阅报表

具体方式:从××公司的官方网站下载三大报表和年度报告,从网易财经官方网站获得各项数据。

二、现状、问题成因分析

1. 现状分析的含义

现状分析是针对调查取得的数据进行整理分析的过程,现状分析通过现状的数据展示、分析,明确问题,通过问题分析明确成因。

2. 现状分析的方法

现状分析可以采用多种方法,经管类毕业论文一般采取定性和定量分析方法。

定性分析是指研究者运用历史回顾、文献分析、访问、观察、参与经验等方法获得教育研究的资料,并用非量化的手段对其进行分析并获得研究结论的方法。

定量分析的结果通常由数据及其关联关系来表示,研究设计是为了促使研究者通过对这些数据的关联分析作出合理的判断和有效的解释。

3. 现状分析的注意点

现状分析根据因素分析选取的指标等进行分析。现状分析中应用的图、表应与说明文字相配合,图不能跨页显示,表格一般放在同一页内显示。现状与问题成因分析的主要内容如图 4-19 所示。

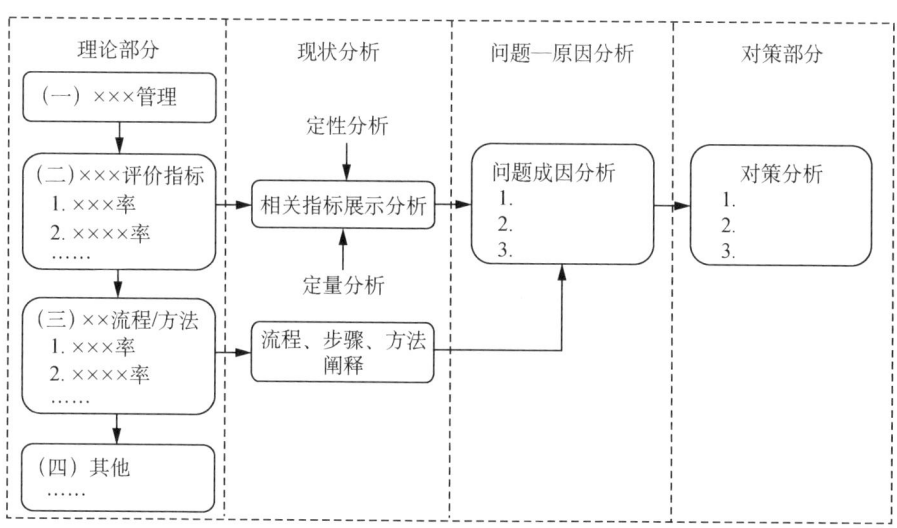

图 4-19　现状与问题成因分析的主要内容

《示例 4-16》

现状分析阐述示例

《基于指数平滑法的招商银行资产管理效率预测研究》

1. 招商银行流动资产周转速度分析

2018 年和 2019 年流动资产周转率持平,为 1.03 次,后到 2020 年上升为 1.04 次。流动资产周转率从 2020 年的 1.04 次下降到 2021 年的 0.89 次,2022 年流动资产周转率上升为 0.98 次(计算内容阐述),具体数据如表 4-1 招商银行近 5 年流动资产周转速度所示(引出表格)。

表 4-1 招商银行近 5 年流动资产周转速度

科目	2018 年	2019 年	2020 年	2021 年	2022 年
流动资产周转率	1.03 次	1.03 次	1.04 次	0.89 次	0.98 次
流动资产周转期	327 天	327 天	345 天	400 天	365 天

根据表 4-1 可知流动资产周转率从 2018 年的 1.03 次经 4 年变动后最终变为 2022 年的 0.98 次,整体还是呈下降趋势。

2. 招商银行固定资产周转速度分析

……

3. 招商银行总资产管理效率分析

……

4. 招商银行营业利润率分析与预测

……

节选自 2023 年哈尔滨广厦学院余丽君的论文《基于指数平滑法的招商银行资产管理效率预测研究》

4. 问题成因分析

问题在现状分析的基础上提出,问题和现状阐述具有一定的关联性,研究者通过现状分析提炼出问题,成因分析基于企业内外部因素,针对问题进行分析。问题成因分析的一般过程如图 4-20 所示。

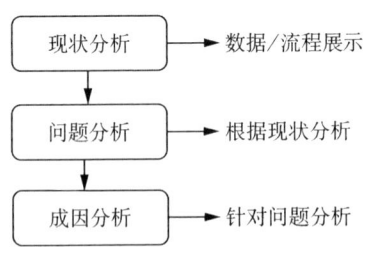

图 4-20 问题成因分析的一般过程

示例 4-17

问题成因分析阐述示例

……

(三)北京首钢股份有限公司财务风险管理问题分析

1. 债务结构不合理

从表×-×可以看出北京首钢股份有限公司 2016—2020 年的产权比率呈现出波动的变化趋势,这说明北京首钢股份有限公司存在一定的资本结构不合理的问题,这些问题主要体现为股权占比较低、负债占比较高。进一步对其负债情况进行分析,北京首钢股份有限公司 2016—2020 年长短期负债及其占比情况具体如表 4-2 所示。

表 4-2 北京首钢股份有限公司 2016—2020 年负债明细表

金额单位:亿元

项目	2016 年	2017 年	2018 年	2019 年	2020 年
短期负债	89.60	198.87	240.43	311.56	302.67
长期负债	32.00	237.15	198.89	159.65	191.01
负债总额	435.50	936.26	976.42	987.34	1 016.72
短期负债占比	20.57%	21.24%	24.62%	31.56%	29.77%
长期负债占比	7.35%	25.33%	20.37%	16.17%	18.79%

数据来源:北京首钢股份有限公司 2016—2020 年年报。

从表 4-2 可以看出北京首钢股份有限公司 2016—2020 年短期借款由 89.6 亿元上涨到 302.67 亿元,整体大幅度增长,而长期借款 2016—2020 年由 32 亿元增长到 191.01 亿元,增长幅度较小。长短期负债占比呈现出波动式上涨趋势,但短期负债占比远远高于长期负债占比。

出现这种情况的原因是:短期贷款所产生的风险相对较小,又因为银行与企业之间信息不对称性,银行为了将风险降到最低,更愿意

为企业发放短期贷款。而北京首钢股份有限公司是一家钢铁制造企业,其投资回报期并不短,当到了偿还本金时在长期的投资项目中使用短期负债,企业的长期项目没有投产,那企业可能会面临着因为资金周转不开而不能偿还银行贷款的风险。进而使企业的资金链出现断裂,企业也将陷入到巨大的财务危机之中。

三、对策分析

结构:根据成因分析进行对策分析,对策和成因具有对应关系,该部分作者在写法上建议分点论述,结合图表进行论述。

示例 4-18

对策分析阐述示例

《基于指数平滑法的招商银行资产管理效率预测研究》

(一)问题及原因

……

2. 配置不合理导致固定资产周转率小幅度降低

从表×-×可知,过去5年固定资产周转率变化较大,总体呈现下降趋势,固定资产周转率较低意味着公司没有有效利用其固定资产的价值。根据访谈可知,招商银行的固定资产有建筑物、机器及其他设备、电子设备、运钞车等。导致固定资产周转率即固定资产利用率低的主要原因如下:

资产配置不合理。企业在采购固定资产时,往往只考虑单个资产的效益,容易忽略他们之间的协同效应,因此导致固定资产利用效率低下,固定资产周转率也相应降低。

维护保养不及时。固定资产需要定期进行维护保养,以保证其正常运转和延长寿命。然而,由于缺乏管理和资金等原因,无法及时对固定资产进行维护和保养,导致其寿命缩短,周转率降低。

市场需求变化。随着市场需求的变化,某些固定资产可能已经过时或者无法适应市场需求,这些资产无法得到充分利用,导致固定资产周转率下降。

(二) 对策

……

2. 合理管理固定资产提高固定资产周转率

固定资产的合理配置。企业应考虑资产的整体配置,避免某些固定资产过剩而导致其他资产利用不足。同时,企业可以采用租赁等方式购置固定资产,从而降低固定成本和风险。

定期维护和保养。企业应建立完善的固定资产管理制度,即采取定期检查、维护和保养等措施,保证资产正常运转和延长寿命。这将有助于提高固定资产的利用效率和周转率。

调整固定资产结构。企业应该密切关注市场需求的变化,及时调整资产结构,淘汰过时的资产,采购符合市场需求的新资产,以提高固定资产的利用效率和周转率。

第六节 结论、参考文献与附录

一、结论

1. 主要内容

论文的结论是最终的、总体的结论,论文结论应完整、明确、精练。

结论的内容主要包括:针对研究的问题、成因及对策分段给出结论或研究总结,一般一个段落一个结论。论文结论还要包括作者的创新性工作和成果,尚需研究的问题等。本科毕业论文结论部分的篇幅一般在一个页面以内,字数在500字左右。结论部分的主要内容与写作规范如图4-21所示。

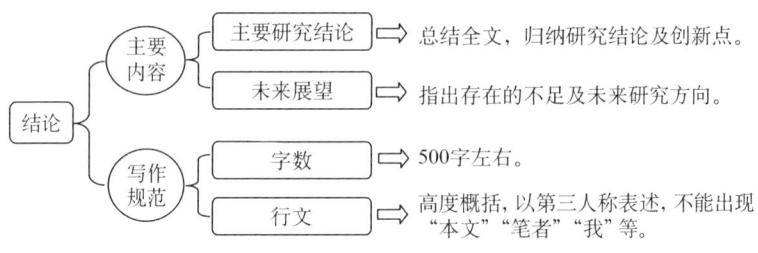

图 4-21 结论部分的主要内容与写作规范

示例 4-19

结论分析阐述示例

《基于指数平滑法的招商银行资产管理效率预测研究》

论文为了分析影响资产管理效率高低的因素从而提高营业利润率(研究目的),开展了基于指数平滑法对招商银行的资产管理效率的预测分析。论文通过指数平滑法、调查法、文献综述法、系统分析法、趋势分析法从理论和实践两方面对招商银行的资产管理效率进行分析。理论分析的主要因素有流动资产管理周转率、固定资产管理周转率和营业利润率,实践分析的主要方式有访谈法和财务报表分析法(采用的方法)。论文研究结果显示,流动资产周转率和固定资产周转率总体自2020年以来呈上升趋势,但数据依然低于2018年的数据,而营业利润率自2020年就呈上升趋势并远超于2018年营业利润率,且波动幅度与固定资产周转率和流动资产周转率有较大近似性(分析结论)。

基于论文结果分析可知(成因对策),流动资产周转额下降的原因有消费者的消费能力下降以及消费场所数量和种类的限制,对此可从激发消费者需求、提出优惠政策等方面提高流动资产周转率;固定资产周转率即固定资产利用率低的主要原因是资产配置不合理、维护保养不及时、市场需求变化,对此可从合理配置固定资产、定期进行维护和保养、调整固定资产结构等方面提高固定资产周转率;营业利润率低的原因是固定资产周转率低,可从提高固定资产周转率、增强防范风险能力等方面提高营业利润率。

因时间、数据等因素,论文中还存在着许多不足,例如,指数平滑法有一次指数平滑法、二次指数平滑法、三次指数平滑法,而论文只采取了一次指数平滑法的预测公式,研究结果还不够丰富并且缺少足够的实践去验证研究结果,还需通过实践检验。(尚需研究问题)

节选自 2023 年哈尔滨广厦学院余丽君的论文《基于指数平滑法的招商银行资产管理效率预测研究》

二、参考文献

1. 含义

参考文献是研究者在论文或著作等在写作过程中参考过的文献,其是为撰写或编辑论文或著作而引用的有关文献信息资源。

2. 类型

普通图书:普通图书包括专著、教材、工具书等。

计算机程序:一组指示计算机或其他具有信息处理能力装置执行动作或做出判断的指令。

标准:由专业机构制定的技术规范或标准。

学位论文:硕士研究生或博士研究生完成的学术论文。

会议录:由多篇独立文章或研究或成果汇编而成的文献合集,通常围绕特定主题或学术会议内容编纂。

报纸:刊登在报纸上的文章。

古籍:未采用现代印刷技术印制的书籍。

报告:政府、机构或组织发布的研究报告。

汇编:将多篇独立作品按照特定逻辑进行归类整理,由编者系统整合后形成的具有特定主题的参考资料合集。

期刊:定期出版的连续性刊物。

专利:发明或实用新型的专利文献。

数据集:由数据所组成的集合。

数据库:按照数据结构来组织、存储和管理数据的仓库。

电子公告:从论坛(BBS)等交流平台上搜集到的信息。

档案:机关、企业、学校或专门机构等集中分类保存的各种文件或材料。

舆图:各种类型的地图文献,通常包括地图、地图集、单幅地图和电子地图等。

其他:除常见的书籍、期刊、报纸、学位论文、专利文献、标准、数据库、计算机程序、电子公告等外的文献类型。

3. 格式

参考文献格式包括:①[序号]主要责任者,②文献题名[文献类型标识],③出版地:出版社,④出版年,起止页码(可选)。参考文献里的标点符号用的是英文状态下输入的标点符号。参考文献类型标识代码和类型标识代码如表4-3所示。

表4-3 参考文献著录中的文献类型和标识代码表

参考文献类型	文献类型标识代码	参考文献类型	文献类型标识代码	参考文献类型	文献类型标识代码	参考文献类型	文献类型标识代码
普通图书	M	计算机程序	CP	标准	S	学位论文	D
会议录	C	报纸	N	古籍	O	报告	R
汇编	G	期刊	J	专利	P	数据库	DB
电子公告	EB	档案	A	舆图	CM	数据集	DS
其他	Z						

示例4-20

参考文献阐述示例

[1] 杨逸旭.数字经济时代企业人力资源管理创新研究[J].商展经济,2024(3):177-180.

［2］王欣.JX机床公司销售人员绩效考核优化研究［D］.山东建筑大学,2024.

［3］杨金伟,王依依,谢文博."绩"往开来为公立医院发展创造良好环境［N］.健康报,2024-01-29(006).

［4］汪流.社区体育治理:理论逻辑、现实难题与行动路向［C］//中国体育科学学会.第十三届全国体育科学大会论文摘要集——专题报告(体育社会科学分会).［出版者不详］,2023:3.

［5］黄昱方,刘嫦娥.绩效管理与评估［M］.南京:南京大学出版社,2022:218.

［6］汉语拼音正词法基本规则:GB/T 16159—1996［S］.北京:中国标准出版社,1996.

三、附录

附录指附在正文后面与正文有关的由于篇幅过大或取材于复制品而不便编入正文的文章或参考资料。它作为说明书或论文的补充部分,并不是必需的。

1. 妨碍正文阅读的复杂运算推导等内容

妨碍正文阅读的复杂运算等内容是旨在确保论文的完整性,但编入正文又妨碍正文阅读的逻辑性或连贯性的材料。例如,比正文更为详细的信息研究方法和技术的说明,其对于了解正文内容具有重要的补充意义;由于篇幅过大或取材于复制品而不便编入正文的材料;某些重要的原始数据、数学推导、计算程序、注释、框图、统计表、打印机输出样片、结构图等。

2. 重要的支撑数据

附录部分的作用、主要内容与写作规范如图4-22所示。

附录放在论文的最后,与财务分析有关的论文应附论文分析所需要的财务报表简表。

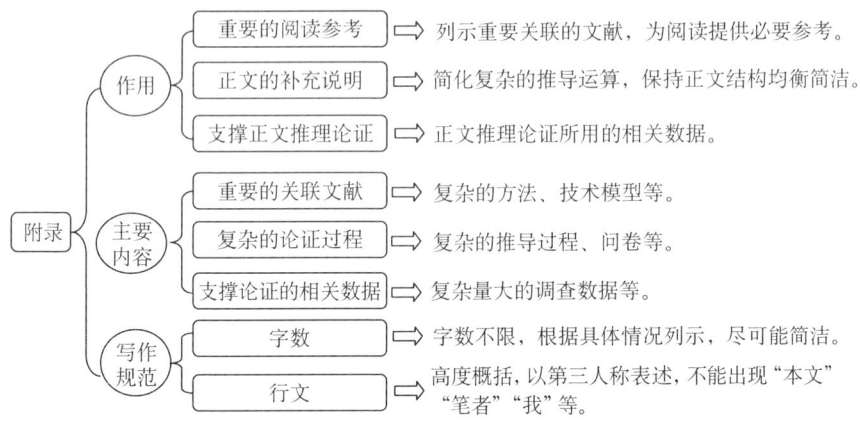

图 4-22　附录部分的作用、主要内容与写作规范

其中,资产负债表和利润表至少要提供近 3 年数据。若公式中用到平均数,报表需提供 5 年以上或更多数据。附录表格为三线表,三线表内容中的汉字采用宋体五号字,阿拉伯数字和英文采用 Times new roman 五号字,行间距固定值为 20 磅,表头和表格内容居中对齐。三条线的宽度分别为 1.5 磅、0.5 磅、1.5 磅。一张表尽量不要跨页;如果表格过长,可以分页。

示例 4-21

表 4-4　资产负债表

单位名称:东风汽车股份有限公司　　　　　　　　　　　单位:万元

项目	2014 年 12 月 31 日	2015 年 12 月 31 日	2016 年 12 月 31 日	2017 年 12 月 31 日
货币资金	41 288.00	382 442.99	338 468.00	339 171.77
交易性金融资产	1 324.00			
应收票据	54 413.00			
固定资产	120 000 000.00			109 699.00

四、图表及公式

作者要精选图形,切忌与表及文字表述重复。图形坐标比例不宜过大,同一图形中不同曲线的图标应采用不同形状和颜色的线。图中术语、符号、单位等应与正文表述一致。图序、标题、图例说明居中置于图的下方。

表中参数应标明量和单位。表序、标题居中置于表的上方。表注置于表的下方。公式一般居中对齐，公式编号用小括号括起，右对齐，其间不加线条，文中的图、表、公式、附注等一律用阿拉伯数字按章节（或连续）编号。例如，图1-1是第一章的第一个图，表2-2是第二章的第二个表，公式(3-10)是第三章的第10个公式等。图、表应与说明文字相配合，图形不能跨页显示，表格一般放在同一页内显示。

图、表、公式的主要内容与要求如图4-23所示，表格示例见表4-5，公式见示例4-22。

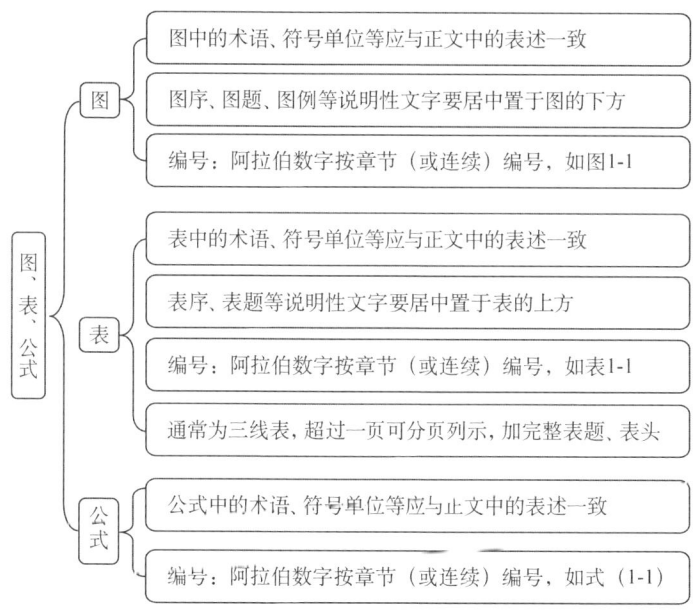

图4-23　图、表、公式的主要内容与要求

表4-5　奥康公司2014—2016年成本费用构成情况表　　　　　　　　单位：万元

项目	2014年	2015年	2016年
总支出	20 000 000.00		
2.期间费用			

资料来源：奥康公司2014—2016年年报。

示例 4-22

公 式 示 例

功效系数法相关公式：

$$功效系数 = \frac{该指标实际值 - 该指标本档不允许值}{该指标本档满意值 - 该指标本档不允许值}$$

（式 2-1）

$$调整分 = 功效系数 \times (本档最高分 - 本档最低分) \quad （式 2-2）$$

$$单项指标得分 = 本档最低分 + 调整分 \quad （式 2-3）$$

图、表应与说明文字相配合，图形不能跨页显示，表格一般放在同一页内显示。

公式一般居中对齐，公式编号用小括号括起，右对齐，其间不加线条，文中的图、表、公式、附注等一律用阿拉伯数字按章节（或连续）编号。例如，图 1-1 表示第一章的第一个图，表 2-2 表示第二章的第二个表，式（3-10）表示第三章的第 10 个公式等。

五、论文结构和篇幅

如果把各章所占页码数以毫米为计量单位，画出一个个长方形，再排列起来，比较理想的章节篇幅结构如图 4-24(a) 所示。论文结构及其篇幅要求的形象化表达如图 4-24 所示。

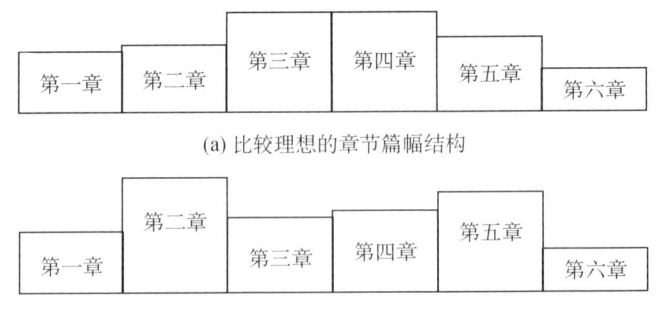

(a) 比较理想的章节篇幅结构

(b) 不理想的章节篇幅结构

图 4-24 论文结构及其篇幅要求的形象化表达

学习效果达成训练

一、知识体系自主建构训练

1. 请你运用思维导图等方法对本章内容进行系统化总结。
2. 谈谈你对学术型研究论文写作中的系统性理念、矛盾分析方法和科学思维逻辑的认识。

二、知识运用与能力生成训练

1. 请你自拟一个学术型论文题目,根据研究设计和论文结构框架,撰写一份论文摘要和关键词。
2. 承接上一题确定的题目,请你选择关键词查阅相关文献,写出国内外研究现状的文献综述(文献要在文中标注,并按规范列出参考文献),并形成开题报告。
3. 承接本部分第一题,请你确定并提炼论文所需的相关理论并写出理论内容,引用文献要有标注。
4. 承接本部分第一题,给出你的研究设计,说明你是如何确定关键要素及其变量的。
5. 承接本部分第一题,在问题及原因分析部分,你将采用哪些理论与分析方法,为什么?

三、高阶思维意识生成训练

1. 请你用马克思主义的联系和发展观点、矛盾分析方法、系统思维理念等,进一步审视学术型毕业论文写作中,这些理念在变量选择与模型构建中是如何体现的?

2. 请你运用习近平新时代中国特色社会主义思想,思考在学术性毕业论文写作中如何把理论自信、道路自信、制度自信、文化自信贯彻到具体研究中。

第五章

调查报告型毕业论文撰写

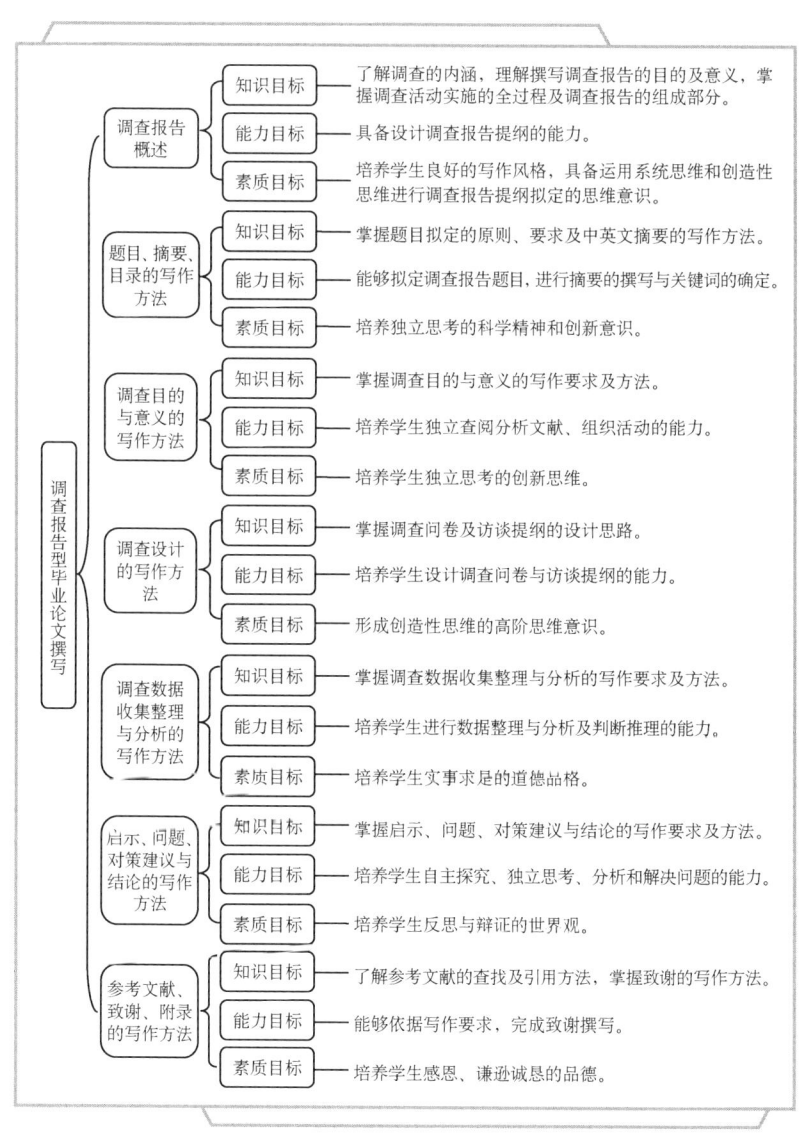

调查报告型毕业论文撰写学习目标

在本章,学习者应坚持社会实践是检验真理的唯一标准的观点,运用系统观点和逻辑思维方法,构建调查报告型毕业论文的内在逻辑结构;运用"实践-认识-再实践-再认识"的认识论方法,确定调查报告型毕业论文的各部分构成及其内在逻辑关系,确保调查设计合理、假设与模型构建正确;以科学、严谨的调查作风,综合运用定性定量相结合的实证分析方法,通过让数据说话的方式,形成论证严谨的启示与问题剖析结果。

实践导引

在本章实践中,学习者要从马克思主义认识论和实践论出发,将调查扎根于社会经济活动真实场景,全面、系统地进行调查设计,确定调查应关注的核心变量,认真收集、整理和分析调查数据,养成严谨的科学态度和高度自觉的思维意识。

第一节 调查报告概述

一、调查的含义、原则与特点

1. 调查的含义

调查是指根据调查主体的需要,从明确的需求出发,制定出切实可行的计划,并说明调查目的的过程。它即说明调查主体(谁需要做调查?谁去做调查?)、调查形式(研究者通过什么调查方式方法调查?)、调查目的(为什么进行调查?调查需要达到什么目标?要解决什么问题?发挥什么作用?将问题解决到何种程度?用何种形式来反映调查的最终成果?)的过程。

经管类调查活动是高等学校经管类专业实践教学的重要组成部分,在第八学期完成,是学生毕业需完成的最后一个学分任务。经管类调查活动是研究者采取相关调查方法,对某一行业的经济运行情况或企业运营现状进行调查(本校要求的调查对象需要具体到某一企业)获取相关数据,并对数据进行分析,对其积累的先进经验进行总结,发现企业的问题进行分析并提出建议,形成调查报告的过程。因此,调查报告包括计划、实施、收集、整理等一系列过程的总结,通过调查报告的撰写,学生课堂中学习的理论知识能够应用到实践中,学生解决和分析问题的能力得到锻炼。调查活动各要素之间的关系如图5-1所示。

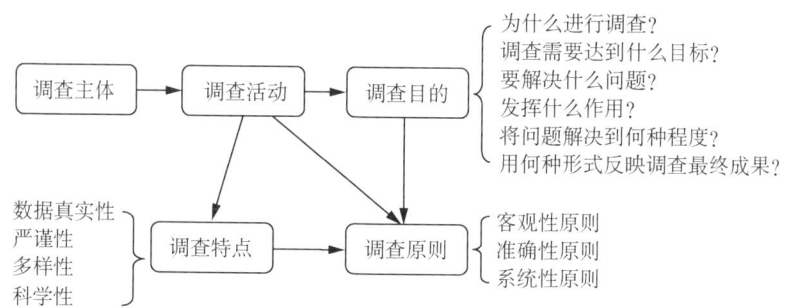

图5-1 调查活动各要素之间的关系

2. 调查的原则

为实现调查活动的预期结果,研究者要坚持以下原则。

(1) 客观性原则:调查应客观公正反映事实,避免主观臆断和偏见。

(2) 准确性原则:研究者应该准确反映调查结果,不夸大和歪曲数据,确保数据的真实可靠。

(3) 系统性原则:按照调查报告的逻辑条理进行组织,确保报告的系统性和连贯性。

3. 调查的特点

基于调查原则,调查活动具有以下特点。

(1) 数据真实性:调查需以大量现实和历史资料为基础,更直观地展示数据和信息,增强报告的可读性和说服力。

(2) 严谨性:调查离不开确凿的事实,但又不是材料的机械堆砌,而是对核实无误的数据和事实进行严密的逻辑论证。

(3) 多样性:调查的方式和方法多种多样,包括问卷调查法、访谈法、观察法、实验法等,研究者可以根据调查的目的和对象选择合适的方式。

(4) 科学性:研究者运用科学的研究方法和技术手段,如抽样方法、问卷设计、数据分析等,以提高调查结果的可靠性和有效性。

二、经管类调查分析的一般过程

在接下来的章节中,我们将就调查活动一般过程的每一个步骤进行详细阐述。调查活动的一般过程如图 5-2 所示。

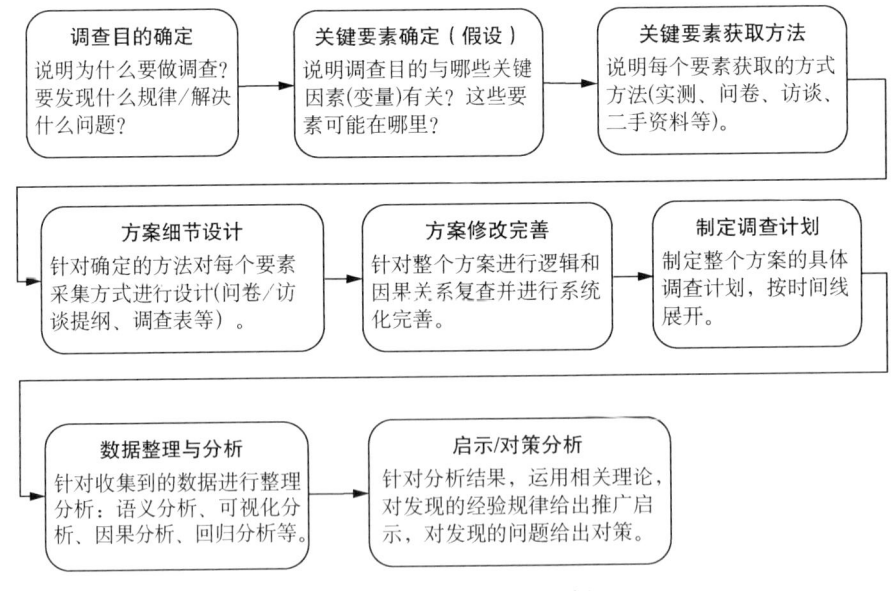

图 5-2 调查活动的一般过程

三、调查报告的基本结构

调查报告的基本结构如图 5-3 所示。

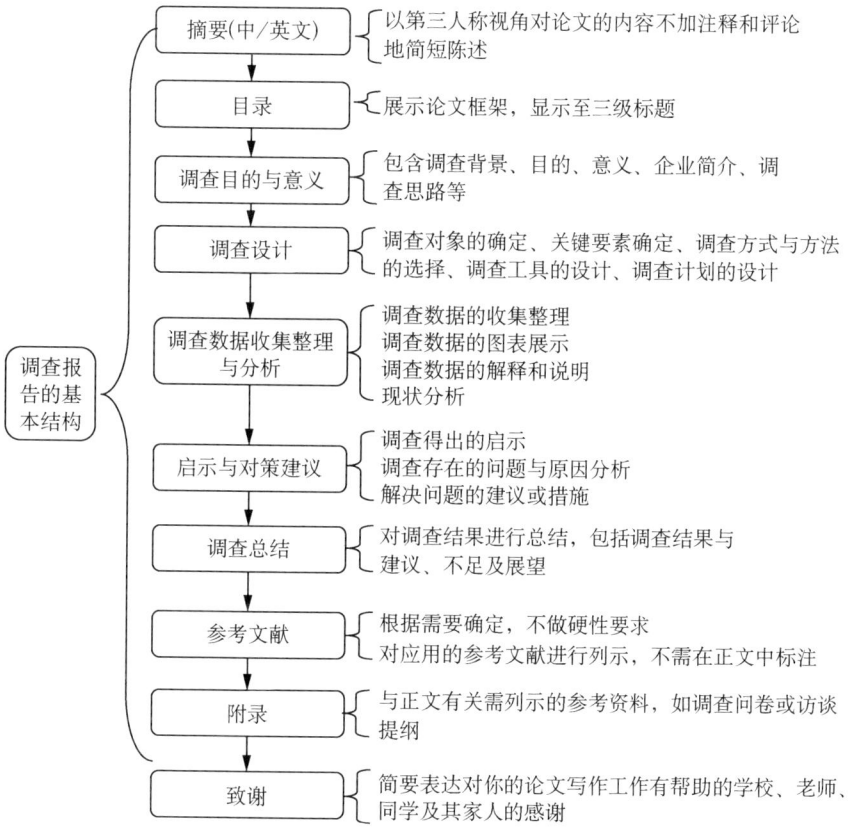

图 5-3 调查报告的基本结构

调查报告的结构一般包括以下几个部分。

1. 摘要（含关键词）

摘要包括英文摘要和中文摘要。摘要是论文内容的简短陈述，此部分应扼要叙述调查报告的研究背景、调查的主要内容与结论，文字要精炼，它在本质上是一篇兼具独立性和完整性的短文。在该部分，研究者应重点阐述调查的主要成果和结论性意见。

2. 目录

目录具有导航作用,它能够帮助读者快速了解文献的整体结构和内容布局,方便读者查找感兴趣的特定章节或部分;它能够清晰呈现文献的组织架构和逻辑层次,让读者对文献的主题范围和论述顺序有宏观的把握。

3. 正文

(1) 调查目的与意义:简要介绍调查背景、目的、意义和企业简介、调查思路等。

(2) 调查设计:在该部分,研究者需对影响调查结果的变量进行基本假设,列示影响调查的可能因素,确定影响调查的关键因素,说明采用的调查方式、方法和过程。调查设计的内容包括调查对象的确定、调查样本设计、样本获取数量等。

(3) 调查数据收集整理与分析:该部分内容包括说明调查数据收集情况,通过图表展示并分析调查数据,对调查数据进行解释和说明,对现状进行分析。

(4) 启示与对策建议:结合调查数据进行深入分析和讨论,探讨企业在运行中有哪些做得好的地方或存在哪些问题。研究者对企业做得好的地方要总结出启示,对存在的问题及原因、影响要分析并提出解决对策或建议。

4. 调查总结

在调查总结部分,研究者需总结调查结果,归纳论文主要成果,提出建议、研究设想、尚待解决的问题等并进行展望。

5. 参考文献

参考文献是论文引用的文献出处的目录表。它反映论文的取材来源和材料的广博程度。论文引用的文献必须是学生本人真正阅读过的与论文工作直接相关的文献,引用文献以近期(原则上为近5年)发表的学术期刊类文献为主。

6. 附录

有些不宜放在正文中,但有参考价值的内容(如调查问卷样例、访谈提纲样例、外文文献复印件及中文译文、公式的推导过程、程序流程图、图纸、数据表格等)可编入论文的附录中。

7. 致谢

致谢是研究者对导师和给予指导或协助完成论文工作的组织和个人表达的感谢,致谢内容应简洁明了、实事求是,避免俗套。

第二节 题目、摘要与关键词、目录的写作方法

一、题目

题目应该简短、明确、有概括性。读者通过题目,能大致了解论文内容、专业特点和学科范畴。论文题目应不超过25个字,题目中不得使用标点符号,可分两行书写。题目中应尽量不要用英文缩写词,确需使用时,应使用本行业通用缩写词。

示例 5-1

题目示例

(1) 贵州智领科技有限公司员工福利管理制度调查
(2) 哈尔滨云城商贸有限公司员工培训需求调查
(3) 大连华耀科技公司员工素质测评体系调查
(4) 北京臻和科技有限公司员工激励策略有效性调查
(5) 成都宝源汽车销售服务有限公司销售员工流失调查

二、摘要与关键词

1. 摘要

摘要是论文内容的简短陈述,是一篇具有独立性和完整性的短文。研究者在摘要写作中应扼要叙述论文的写作目的、主要内容和主要结论,文字要精炼,重点阐述论文的主要成果和结论性意见。研究者在摘要写作中要用第三人称陈述,摘要中不加评论、补充和解释,不宜使用公式、图表,不标注引用文献编号,要避免将摘要写成目录式的内容介绍。

2. 关键词

关键词是供检索用的主题词条,应在摘要中出现,关键词应采用能覆盖论文主要内容的通用技术词条(参照相应的技术术语标准),一般列3~5个,按词条的外延层次从大到小排列,中间用分号隔开。

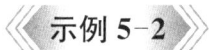

摘要与关键词示例

摘要: 随着全球经济的不断发展,企业发展迎来新机遇,企业的飞速发展离不开员工的共同努力,尤其是管理人员的正确引导及决策。因此,管理人员满意度对企业发展具有长远影响。文章以青岛金王集团有限公司管理人员作为研究对象,进行满意度调查研究。文章采用问卷调查法以及访谈法进行信息搜集,通过图表对数据进行整理分析,研究管理人员满意度存在的问题及产生的原因,并为企业提升管理人员满意度提供建议,企业通过提升管理人员满意度,更好地激励管理人员,提高其积极性与能动性,以此助力企业战略规划的实现及企业可持续发展,对企业的当下以及未来的战略发展起到重要的推动作用。

关键词: 管理人员;有效沟通;激励措施

三、目录

目录应独立成页,根据文章内容生成,目录内容包括中英文摘要、正文全部章节的三级标题、调查总结、致谢、参考文献、附录,目录内容要标明页码,层次清晰,且与正文标题一致。

第三节　调查目的与意义的写作方法

一、章节概述

调查目的与意义是调查报告中的第一章,其主要包括调查背景、调查目的与意义(如需要企业介绍可放在第一章中作为一个小节列示)。

二、具体内容

1. 调查背景

在调查背景部分,研究者需简要说明进行调查的历史背景,即在什么样的历史背景下开展调查,表明调查的必要性与迫切性,以及调查对象的基本情况、调查的地点和范围。

示例 5-3

调查背景示例

在经济全球化的背景下,各个行业都面临着激烈的竞争。当今企业越来越重视对人力资源的管理和合理利用,管理人员是企业的重要的资源,管理人员作为企业的中坚力量,是组织的重要支撑,其满意度与工作表现密切相关,影响着整个组织的运作效率和绩效,对企业的运营和发展起着至关重要的作用。在快速变化的商业环境中,企业关注管理人员的需求和满意度,能更好地应对挑战和变革。同时,管理人员与员工之间的关系对组织氛围有重要影响,研究管理人员的满意度有助于改善双方关系。

2. 调查目的

调查目的包括对调查对象进行调查的原因、经过及采用的方法,发现企业运行的规律、经验、教训、启示以及要解决的问题。

《示例 5-4》

调查目的示例

企业对员工满意度情况的了解和掌控是企业人力资源管理的重要内容。企业的长期进步与发展离不开公司员工的付出和努力。良好的激励策略有助于提高员工工作的积极性。因此,了解分析员工对激励策略的满意度情况对企业的发展有重要意义。文章旨在研究影响激励策略满意度的可能与关键因素,通过运用调查问卷法和访谈提纲法以及实地观察法来了解企业激励策略满意度现状,对收集到的数据进行整理和分析,得出调查启示,分析企业当前激励策略满意度存在的问题,并根据该企业的发展战略,优化现有激励策略,提出相关建议,以提高企业员工工作积极性,有效激励员工,助力企业战略目标的实现。

3. 调查意义

许多同学容易混淆调查目的与意义的写法,我们可以这样理解两者的区别:

调查目的是调查达成的直接效果,调查目的是内在的,比调查意义更直接、更具体、更明确;调查意义可以从路径或方法角度阐述调查的外溢效应,即对他人的借鉴意义或者社会产生哪些价值,影响面较大,是潜在的、更长远的影响。

示例 5-5

调查意义示例

文章以期望理论为基础对我国公立中医医院的工作人员满意度进行研究。在理论方面,我国公立中医医院的工作人员满意度研究少有人涉及,更缺乏对公立中医医院工作人员满意度与公立中医医院工作人员专业认同之间的内在联系的研究。因此,在以往研究的基础上,以期望理论为指导,文章对我国公立中医医院工作人员的满意度进行实证研究。在实践方面,可以有效地激发工作积极性,促进其提高医疗服务水平。其对改善医院的经营水平起到了很大的促进作用,使企业的核心能力与整体能力得到了增强,避免了人才流失,保持中医医院的可持续发展。

4. 企业简介

企业简介即对所被调查企业进行简要介绍,研究者可以从经营范围、规模、员工人数、企业实力等方面对企业进行说明。此处注意企业简介是以第三人称视角进行的客观描述,不要以第一人称视角介绍或进行对未来的展望。

5. 调查思路与路径图

调查思路是指在进行调查研究时所遵循的逻辑和方法,是对调查过程的总体设计和规划。

调查思路的内容包括确定调查的目的、对象、内容、方法、步骤等,以确保调查能够系统、全面、有效地进行,从而获取准确、可靠的数据和信息,为解决问题或得出结论提供依据。它可以用调查思路图的形式表现。

调查思路图可用于搭建调查活动的逻辑。它可以确保调查的系统性,使调查过程有条不紊,各个环节相互衔接,提高调查效率、保证调查质量,明确调查的方向和重点,使收集到的数据更准确、有价值。

调查思路图如图5-4所示。

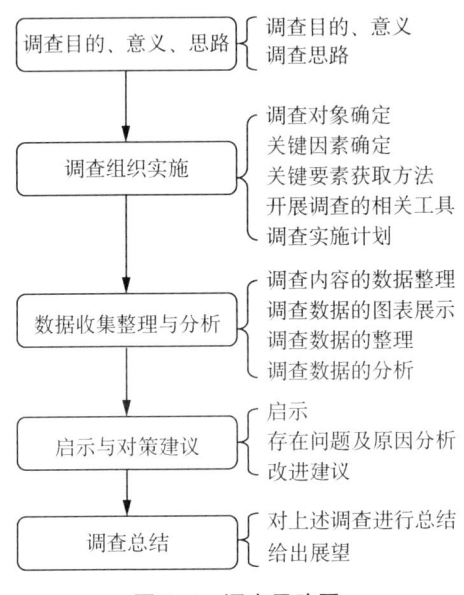

图5-4 调查思路图

第四节 调查设计的写作方法

一、章节概述

调查设计通常放在调查报告中的第二章,其主要包括以下部分的内容:调查问题关键因素的确定、关键因素获取方法、方案细节设计及完善、调查实施计划。

二、具体内容

1. 关键因素的确定

研究者在确定关键因素时应先依据调查目的,列示影响调查问题的可能因素，再从这些可能因素中选择关键因素，说明调查目的是如何分解为各个关键因素的。关键因素分解过程如图5-5所示。

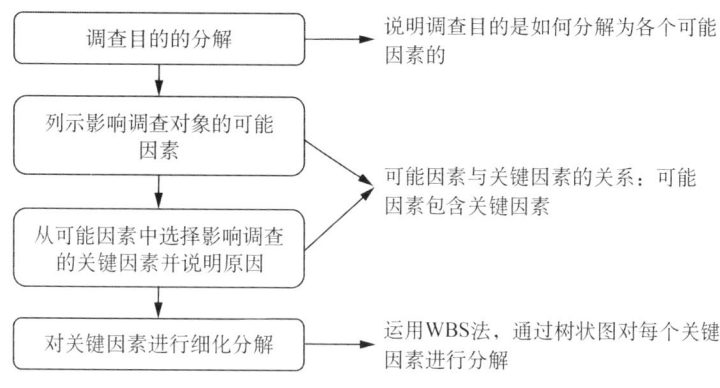

图5-5 关键因素分解过程

示例5-6

关键因素的确定阐述示例1

1. 列示影响×××公司财务管理业绩的可能因素

导致公司财务管理业绩不佳的原因可能存在于企业内部，也可能源于企业外部环境。假如说找到10个因素。根据财务管理相关理论，可能的因素主要有：×××××、×××××、××××××……

其中，××××因素一般通过×××途径影响企业财务管理业绩；××××因素主要通过××××影响企业财务管理业绩……（说明有何可能的因果关系，说明调查目的是如何分解为各个关键因素的。）

2. ×××公司财务管理业绩主要影响因素甄别确定

假如说已找到的10个因素只留下6个因素，要说明其他4个因素为什么不重要。

3. ×××公司财务管理业绩主要影响因素细化分解

研究者应按照树状图对关键因素进行分解，即把确定的6个因素进一步向下一层分解为具体可测的变量,最下层(第3层)的变量将成为问卷/访谈提纲的具体题目,或者成为调查表/现场实测等的具体调查事项。关键因素分解过程示例如图5-6所示。

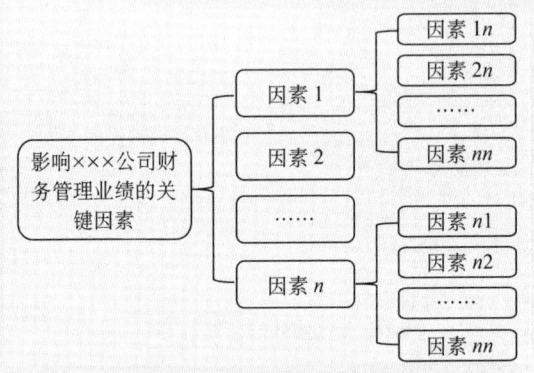

图5-6 关键因素分解过程示例

此部分内容采用WBS法(工作分解结构),即把一个项目,按一定的原则进行分解,先把项目分解成任务,再把任务再分解成一项项工作,然后把一项项工作分解到每个人的日常活动中,直到分解不下去为止。

示例5-7

关键因素的确定阐述示例2

×××公司影响管理人员满意度的关键因素的确定

在对影响×××公司管理人员满意度的可能因素进行分析的基础上,甄选出5项关键因素,再将确定的5个关键因素进一步向下一层分解为具体可测的变量,最下层(第3层)的变量将成为问卷/访谈提纲的具体题目,或者成为调查表/现场实测等的具体调查事项。影响管理人员满意度的关键因素分解示例如图5-7所示。

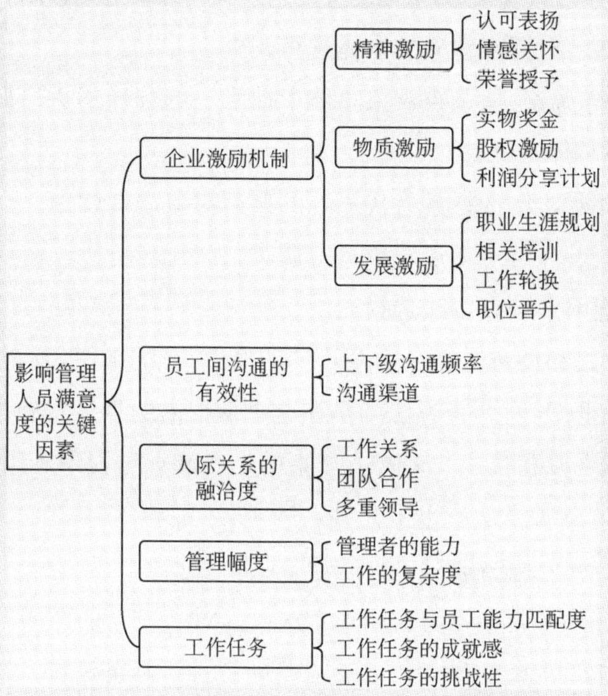

图 5-7 影响管理人员满意度的关键因素分解示例

2. 关键因素获取方法

基于调查问题所确定的关键因素,研究者需分别说明每个关键因素获取的方式方法及原因。关键因素获取方法如图 5-8 所示。

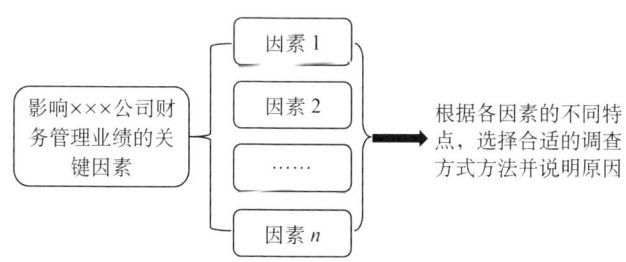

图 5-8 关键因素获取方法

1) 关键因素调查方式的选择

关键因素调查方式主要侧重调查的组织形式和途径。它指的是获取调查资料的具体形式或渠道,常见的关键因素调查方式主要有以下几种。

(1) 普查:对调查对象的全体进行调查。

(2) 抽样调查:从调查对象总体中抽取一部分样本进行调查,根据样本信息推断总体特征。

(3) 典型调查:选择具有代表性的典型对象进行调查。

(4) 重点调查:对重点对象进行调查。

2) 关键因素调查方法选择

调查方式和调查方法是两个不同的概念,总的来说,调查方式确定了调查的宏观框架,而调查方法则是在这个框架内的具体实施手段,更侧重具体的操作手段和技术。调查方法指的是在调查过程中运用的各种具体方法,常见的调查方法有以下几种。

(1) 问卷调查法:通过设计问卷来收集数据。

(2) 访谈法:调查者与被调查者进行面对面或电话访谈。

(3) 观察法:直接观察和记录调查对象的行为或现象。

(4) 实验法:通过控制变量进行实验以获取数据。

(5) 文献研究法:查阅和分析相关文献资料,通过二手资料获取信息。

基于调查效益最大化(调查数据的有效性等),统筹考虑前述的主要影响因素细化分解结果(树状结构第 3 层)的各个变量的特点,确定每个变量的调查方式及方法,并明确调查要解决什么问题,根据目的来确定合适的方式,同时要考虑可用的人力、物力、财力和时间等资源。

示例 5-8

关键因素调查方法选择阐述示例

1) 问卷调查法

问卷调查法是指通过对调查对象发放问卷来收集信息的方法。研究者分析调查对象的特点,通过设计具有代表性的与激励策略满意度相关的问卷题目,对企业员工发放问卷,并高效回收问卷,整理和分析问卷结果,得出调查结论。

2) 访谈法

研究者采用访谈法与调查对象面对面就激励策略的相关问题进行访谈,以此来搜集调查资料。研究者设计有关激励策略满意度的访谈提纲,对中高层管理人员进行访谈,充分了解其对企业目前激励策略的满意程度,进而对访谈结果进行分析,找出企业在激励策略满意度方面存在的问题,进而提出针对性建议。

3. 方案细节设计及完善

研究者针对调查问题确定的关键因素,对每个因素的采集方式进行设计(问卷/访谈题目,调查表等),并在此基础上对整个方案进行逻辑和因果关系复查,进一步完善调查方案。方案细节设计的基本思路如图 5-9 所示。

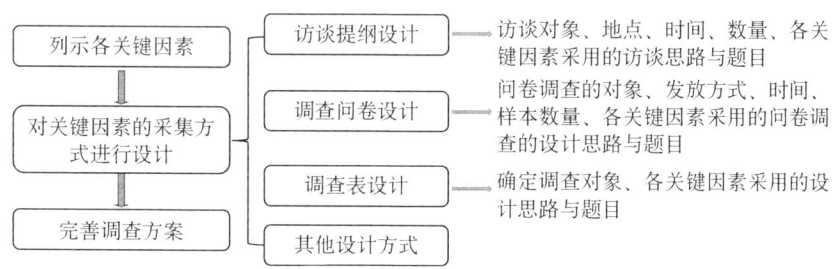

图 5-9　方案细节设计的基本思路

方案设计主要包括以下几项:

1) 访谈提纲设计

访谈提纲设计的关注点有以下几个:一是说明哪些因素适合通过访谈获取数据,每个具体因素的访谈设计思路、具体访谈题目是否需要相互验证;二是确定访谈对象及访谈的样本量;三是每个访谈题目的核心关注点。

在对所有需要访谈的因素进行设计并形成访谈题目后,研究者将所有访谈题目整合列示,形成访谈提纲文本。

示例 5-9

访谈提纲设计阐述示例

青岛金王集团有限公司管理人员满意度访谈提纲

1. 企业与您沟通职业发展规划的频率是多少?
2. 您对于企业对您的职业发展规划是否满意,若不满意,具体在哪些方面不满意?
3. 您企业的培训计划有哪些?
4. 您对企业的培训计划、培训内容和形式是否满意?
5. 您认为怎样的培训能更好满足您的需求?
6. 您对于企业的培训效果评估是否满意,若不满意,具体是哪方面不满意?
7. 您对于企业的晋升制度是否满意?
8. 您认为企业的晋升机会是否公平?
9. 在您工作的过程中,企业对您有哪些精神激励?
10. 您对这些精神激励是否满意,若不满意,您对哪一方面不满意?
11. 您认为怎样的精神激励能更好满足您的需求?
12. 在您工作的过程中,企业对您有哪些发展激励?
13. 您对这些发展激励是否满意,若不满意,您对哪一方面不满意?
14. 您认为怎样的发展激励能更好满足您的需求?
15. 在您工作的过程中,企业对您有哪些物质激励?
16. 您对这些物质激励是否满意,若不满意,您对哪一方面不满意?
17. 您认为怎样的物质激励能更好满足您的需求?

18. 您与同事间相处如何？

19. 您认为在同事间相处上出现问题的主要原因是什么？

20. 您与上下级的沟通是否有效，若出现沟通不畅是什么原因？

21. 在碰到需要与相关部门协调的事务时，您通常如何处理？

22. 您认为自己的管理层次如何，是否需要调整？

23. 您目前的管理幅度如何？

24. 您认为自己的管理幅度是否合理，若不合理，您认为管理幅度为多少合理？

25. 在工作中您是否能够体会到工作带来的成就感，若不满意，是什么影响您的工作体验？

26. 您认为自己的才能在目前岗位是否得以发挥？

27. 您对于公司的未来发展有哪些畅想及愿景？

28. 您对于公司的这次管理人员满意度调查活动有哪些建议？

2）调查问卷设计

调查问卷设计的关注点有以下几个：一是要说明哪些因素适合通过问卷获取数据，每个具体因素采用问卷调查的设计思路、关键因素转换为问卷题目的方法、是否需要在问卷中设置相互印证环节。二是确定发放问卷的对象和问卷调查的样本量。三是确定每个问卷题目的核心关注点。

在对所有需要通过问卷调查的因素进行设计并形成问卷题目后，研究者将所有问卷题目组合成问卷，并形成调查问卷文本。

《示例 5-10》

调查问卷设计阐述示例

青岛金王集团有限公司管理人员满意度调查表

感谢您能够在工作中抽出时间来填答这份管理人员满意度调查问卷，本次公司开展管理人员满意度调查工作，目的是深入了解管理人员对自身工作、公司制度、工作环境等方面的真实看法,进而根据问卷反馈的信息,科学合理地制定管理人员管理和人力资源优化方案,您的意见能够为公司管理改进提供有效的参考,为此,请您认真阅读问卷中每道题目,并按照自己的真实感受进行填写,感谢配合。

一、基本信息

1. 您所在部门是(　　)。

   A. 财务部　　B. 行政部　　C. 市场部　　D. 生产部

   E. 销售部　　F. 技术部

2. 您的职务是_____。

3. 您的工龄为(　　)。

   A. 未满一年　B. 1~3年　　C. 3~5年　　D. 5年以上

二、调查内容

(一)工作环境方面

4. 您认为本公司的工作环境如何?(　　)

   A. 非常好　　B. 比较好　　C. 一般　　　D. 较差

   E. 非常恶劣

5. 您是否适应公司的工作氛围和工作环境情况?(　　)

   A. 非常适应　B. 适应　　　C. 一般　　　D. 不适应

   E. 极其不适应

6. 您是否适应工作的时间安排?(　　)

   A. 非常适应　B. 适应　　　C. 一般　　　D. 不适应

   E. 极其不适应

(二)企业激励机制

7. 您认为本公司的薪酬水平与其他公司相比竞争力如何?(　　)

   A. 很强竞争力　　　　　　B. 尚可

   C. 不确定　　　　　　　　D. 较少竞争力

   E. 无竞争力

8. 您认为公司的晋升制度对您的职业发展是否公平？（   ）

    A. 非常公平　　　　　　　　B. 基本公平

    C. 不确定　　　　　　　　　D. 不太公平

    E. 非常不公平

9. 您是否认同本公司的福利待遇与其他同类公司相比有优势？
（   ）

    A. 非常同意　　B. 同意　　　C. 不确定　　　D. 不同意

    E. 强烈反对

10. 您认为公司的职业生涯规划是否清晰合理？（   ）

    A. 非常清晰合理　　　　　　B. 清晰合理

    C. 一般　　　　　　　　　　D. 不清晰合理

    E. 极其不清晰合理

11. 您是否参加过工作相关培训，培训效果是否满意？（   ）

    A. 参加过一些培训，培训效果尚可

    B. 感觉都较为一般

    C. 参加过少量培训，培训效果欠佳

    D. 参加培训少，培训效果不明

12. 您认为这次培训的内容与您的工作需求匹配程度如何？（   ）

    A. 非常匹配　　　　　　　　B. 比较匹配

    C. 一般不太匹配　　　　　　D. 完全不匹配

13. 培训结束后，您认为培训效果评估是否准确？（   ）

    A. 非常准确　　　　　　　　B. 比较准确

    C. 一般　　　　　　　　　　D. 较不准确

    E. 非常不准确

14. 您认为本公司的精神激励效果如何？（   ）

    A. 非常好　　B. 比较好　　C. 一般　　　D. 较差

    E. 非常不好

15. 您认为本公司的物质激励效果如何?(　　)

　　A. 非常好　　B. 比较好　　C. 一般　　D. 较差

　　E. 非常不好

16. 您认为本公司的绩效考核激励效果如何?(　　)

　　A. 非常好　　B. 比较好　　C. 一般　　D. 较差

　　E. 非常不好

(三) 人际关系融洽度方面

17. 您感觉与同事的工作关系是否融洽?(　　)

　　A. 非常融洽　B. 比较融洽　C. 尚可　　D. 比较不融洽

　　E. 非常不融洽

18. 您感觉与其他部门合作是否融洽?(　　)

　　A. 非常融洽　B. 比较融洽　C. 尚可　　D. 比较不融洽

　　E. 非常不融洽

19. 您是否经常感觉受多重领导?(　　)

　　A. 经常　　B. 偶尔　　C. 没有

(四) 员工间沟通的有效性方面

20. 您与上级沟通频率如何?(　　)

　　A. 经常沟通　B. 偶尔沟通　C. 没有沟通

21. 您与下级管理人员沟通频率如何?(　　)

　　A. 经常沟通　B. 偶尔沟通　C. 没有沟通

(五) 工作任务方面

22. 您认为自己的管理幅度是否合理?(　　)

　　A. 非常大　　B. 比较大　　C. 一般　　D. 较小

　　E. 非常小

23. 您认为自己管理层次是否合理?(　　)

　　A. 非常多　　B. 比较多　　C. 一般　　D. 较少

　　E. 非常少

24. 您感觉您现在的工作具有挑战性吗?（　　）

　　A. 非常有挑战　　　　　　B. 比较有挑战性

　　C. 尚可　　　　　　　　　D. 较无挑战性

　　E. 基本无挑战性

25. 您认为自己的能力在现在的工作中是否得到了充分的发挥?（　　）

　　A. 已尽我所能　　　　　　B. 未能完全发挥

　　C. 没感觉　　　　　　　　D. 有些没有展示出能力

　　E. 没有能让我展示出能力

26. 在完成一项或多项任务后您是否能感觉到成就感?（　　）

　　A. 非常有成就感　　　　　B. 比较有成就感

　　C. 尚可　　　　　　　　　D. 较无成就感

　　E. 无成就感

（六）企业背景方面

27. 您是否了解和认同公司的企业文化?（　　）

　　A. 非常了解并认同　　　　B. 了解并认同

　　C. 一般　　　　　　　　　D. 不太了解不太认同

　　E. 极其不了解且不认同

28. 您对企业的未来是否充满信心?（　　）

　　A. 充满信心　　B. 表示乐观　　C. 一般　　D. 不太关心

　　E. 事不关己

4. 调查实施计划

研究者在调查实施计划制订时,应当制订整个方案的具体调查计划,按时间线展开,说明调查事实的一般流程,形成调查实施计划表。调查实施计划的流程包括:

（1）确定调查内容:基于确定的关键因素,结合调查内容设计调查问卷进行调查;

（2）确定调查对象:说明不同调查内容所确定的调查对象;

(3) 选择调查方法：说明采用的调查方法，如问卷法、访谈法等；

(4) 确定调查范围：需确定的调查范围包括地理范围、调查对象等；

(5) 安排调查时间：列示各项调查活动的调查天数或周期。

调查实施计划制订如图 5-10 所示。

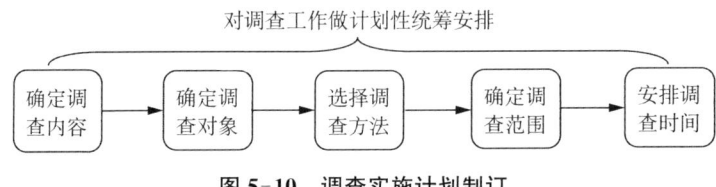

图 5-10 调查实施计划制订

调查实施计划书通常可以采用表格形式和文本形式来表达。

用表格形式表达时，表格中的表头应列出调查项目、调查方式、调查方法、调查对象所在单位、数据载体、完成时限、备注等；

用文本形式表达时，文本要按照具体调查项目给出调查方式、调查方法、调查对象所在单位或数据载体、完成时限、备注等。

示例 5-11

调查实施计划示例

科右前旗德康农牧有限公司激励策略满意度调查实施计划如表 5-1 所示。

表 5-1 科右前旗德康农牧有限公司激励策略满意度调查实施计划

计划阶段	调查时间	调查内容与方法
调查准备	2024.10.20～11.20	1. 明确调查的目的和意义，确定好调查的问题，将调查的问题围绕激励策略满意度分为三个方面，分别是物质激励、精神激励以及发展激励 2. 筛选企业中合适的调查对象。研究者拟将调查对象分为两大类：一类是专业技术人员和一线生产服务人员，另一类是中高层管理者 3. 采用问卷调查法和访谈提纲法。调查问题拟订原则如下：一是问题具有科学性和合理性，二是问题能反映员工真实情况，三是问题有利于搜集影响激励策略满意度资料

(续表)

计划阶段	调查时间	调查内容与方法
调查准备	2024.10.20～11.20	4. 搜集德康牧业的激励策略内容,根据调查内容,调查问卷设置30个题目,预计发放问卷108份,访谈提纲设置15个问题,访谈员工20人,占管理人员总数的50%左右 5. 确定调查实施的日期,购买调查需要的物品并印刷问卷
调查实施	2024.10.21～11.22	1. 以抽样方式对1/3的专业技术人员和一线生产服务人员发放问卷(108份),研究者午餐后在员工宿舍发放问卷,点对点填写并及时回收,保证问卷回收率 2. 根据中高层管理人员的工作性质,研究者在午餐后或下午在办公室采用逐一谈话方式对中高层管理人员进行访谈调查,纸质书写记录,对访谈人员不提及姓名,保证私密性
数据整理分析	2024.11.26～11.30	将收集到的调查资料进行整理检查,按照不同的问题反映出的不同结果进行分类,分析每个结果所占的比重,用表格和图表的形式将调查结果进行展现
归纳总结	2024.12.1～12.5	对调查工作进行系统梳理,写出总评价和总分析。通过数据统计分析,研究者得出调查启示,找出当前激励策略满意度存在的问题,并对这些问题提出合理化的解决建议,从而完成调查目的,提高公司员工的激励策略满意度

第五节　调查数据的收集整理与分析的写作方法

一、章节概述

调查数据的收集整理与分析通常是调查报告中的第三章,研究者针对收集到的数据(所有数据都是有价值的)进行整理分析,如语义分析、可视化分析、因果分析、回归分析等。这部分与以往论文的方法大致相同,主要包括两部分内容:调查数据的整理展示与分析、调查数据数学建模与逻辑分析。这些调查数据分析的主要关注点在于验证前述给出的基本假设是否正确,即前述所做的因素分解及其关联关系能否得到验证。

二、具体内容

1. 调查数据的整理展示与分析

针对不同类型的数据给出数据整理的依据与方法。比如:

对于通过访谈获取的文本数据,研究者通常可以采用语法分析的方法,就所获取的每条访谈数据,运用语法分析整理出主要句子成分,梳理出每个访谈对象对于访谈题目的回答的共性部分,然后把所有梳理出的访谈结果归纳整合成若干基本观点或判断,再根据这些基本观点或判断整合为可用的结论。

对于获取的运行数据、报表中的数据或调查问卷,研究者可以采用可视化处理的方法展示调查结果的状态。此处需要注意:数据展示源于调查问卷和访谈提纲,而展示数据是为了支持后续章节得出的结论,不是单纯的数据图表展示,这也是数据展示的意义,两者必须有相关性。调查数据整理展示与分析的过程与内容如图 5-11 所示。

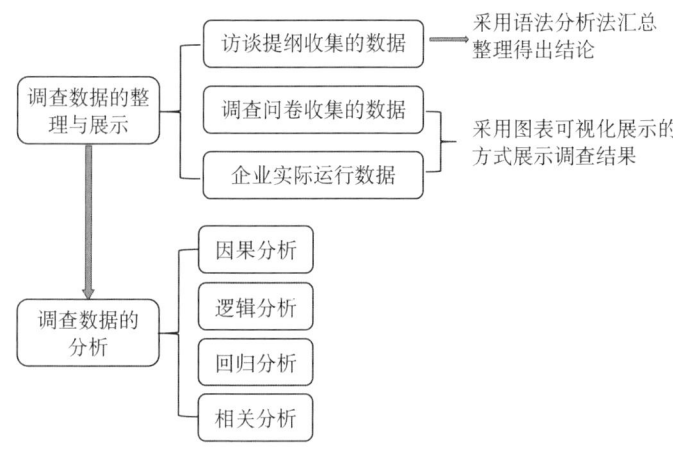

图 5-11 调查数据整理展示与分析的过程与内容

《示例 5-12》

表 5-2 数据整理展示与分析的写作方法示例

关键因素选取	题号	选项相关要素	所占比重最大项	人数	占比
企业激励机制	1	薪酬福利竞争性	C. 不确定	70	88%
	2	工作晋升	B. 基本公平	65	81%
	3	福利待遇	C. 不确定	54	68%
	4	职业生涯规划合理性	B. 清晰合理	57	71%
	5	培训效果	B. 参加过,效果尚可	50	63%
	6	培训内容与工作需求匹配度	B. 比较匹配	58	73%
	7	培训效果评估准确性	D. 较不准确	54	68%
人际关系融洽度	8	工作关系	D. 比较不融洽	48	60%
	9	团队合作	D. 比较不融洽	50	63%
	10	多重领导	C. 没有	40	50%
员工间沟通的有效性	11	上级沟通频率	B. 偶尔沟通	60	75%
	12	下级沟通频率	B. 偶尔沟通	58	73%
管理幅度及管理层次	13	管理幅度	B. 比较大	59	74%
	14	管理层次	C. 一般	50	63%

2. 调查数据数学建模与逻辑分析

对于访谈或问卷中的得到的数据进行定性定量分析。

对于通过访谈或问卷调查中得到的调查数据,研究者可以运用相关理论进行定性和定量分析。对于访谈获取的数据,研究者可以先进行文本和语法分析,找出共性陈述与判断,也可以对访谈所获数据进行定量化分析,对所有访谈对象的数据进行类别分析或观点的聚类分析。对于调查问卷获取的数据,研究者可以通过定量分析,给出对被调查者的基本判断。此外,研究者还可以针对访谈和问卷调查结果进行演绎逻辑分析或归纳逻辑分析并给出基本判断。

对于定量数据,研究者要运用相关理论的数学模型方法进行相关分析或因果分析,给出基本判断。

可采用的分析方法包括但不限于以下方法。

1) 因果分析

因果分析是为了确定引起某一现象变化原因以及从"因"到"果"是否有确切的模型反映某一现象变化的因果联系的分析。它主要解决"为什么"的问题。因果分析就是在研究对象的先行情况中,把作为它的原因的现象与其他现象区别开来,或者是在研究对象的后行情况中,把作为它的结果的现象与其他现象区别开来的一种比较常用的分析方法。

2) 逻辑分析

逻辑分析是一种运用逻辑思维和推理方法来研究、理解和评估事物的分析方法。它通过对信息、观点、论证等进行分析、比较、归纳、演绎等操作,揭示其中的内在联系、规律和本质,从而得出合理的结论或判断。逻辑分析强调理性思考、严谨论证和清晰表达。

3) 回归分析

回归分析是确定两种或两种以上变量间相互依赖的定量关系的一种统计分析方法。它主要是通过建立数学模型,来描述变量之间的线性或非线性关系,并对未知的数据进行预测和推断。

4) 相关分析

相关分析是研究两个或两个以上处于同等地位的随机变量间的相关关系的统计分析方法,它可以用于确定两个变量之间是否有相关性。例如,人的身高和体重之间的相关关系或者空气中的相对湿度与降雨量之间的相关关系都是相关分析研究的问题。

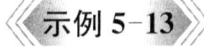

因果分析示例

通过表×-×中的数据可知,员工间沟通机会较少。在紧张的工作日程中,员工往往只能在规定的工作时间内完成自己的任务,而在正常工作结束后,员工并没有更多的机会进行正式的交流和沟通,与上级偶尔沟通的人数占比为60%。这种状况不仅限制了员工之间信息的流动,也减弱了他们之间建立深厚工作关系的可能性。此外,员工之间受到职位差异和认知差异的影响,不能够形成共识,导致员工间沟通存在一定阻碍,员工的企业归属感降低,员工之间的沟通更加不畅,影响工作正常运行。员工在各工作团队内与其他团队可能存在沟通障碍,导致各团队或事业部在完成工作时,由于各自情况不同,无法顺利合作。

《示例 5-14》

逻辑分析示例

通过调查近3年的行业数据发现,随着汽车保有量的增加及消费观念的转变,目前汽车行业发展及盈利整体呈下滑趋势,由2015年的朝阳行业转变为夕阳行业,汽车行业人员的流失率也因行业发展逐年增加。在此基础上,作为汽车企业,A企业内部在运营管理中,营业成本控制不佳,在行业整体不佳的状况下,A企业应梳理自身现有的营业板块,对盈利点不高的业务进行删减,增加新的利润点。

第六节 启示、对策建议与结论的写作方法

一、章节概述

启示与对策建议是调查报告中的第四章,主要包括启示、发现的问题及原因分析、对策建议三部分内容。启示与对策建议的写作思路如

图 5-12 所示。

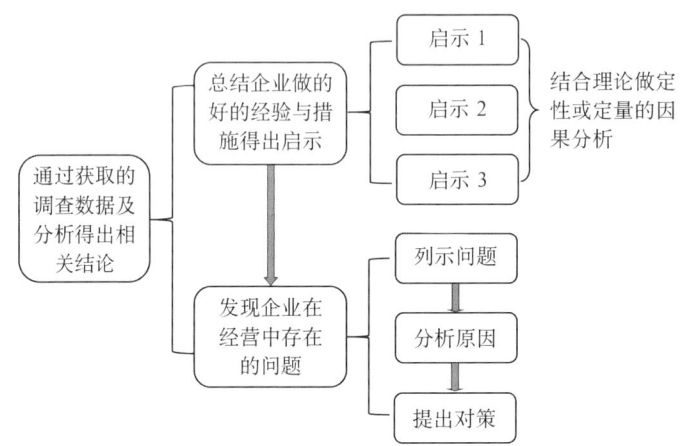

图 5-12　启示与对策建议的写作思路

二、具体内容

1. 启示

启示要根据第三部分的数据分析结果,说明企业做了哪些措施,通过改变哪些变量,从而促进了企业哪方面发展,针对做得好的地方,研究者要适当地从理论方面提炼总结,做定性或定量的因果分析,分析要有逻辑性,总结经验并指出此项启示可以在哪些对象上进行推广,为其他企业提供借鉴意义。启示的数量要求为2~3条。

示例 5-15

启 示 示 例

1. 薪酬结构比例设置合理具有激励性

2020—2023年,汽车行业员工整体流失率为40%,A企业员工流失率为15%,通过调查发现,科右前旗德康公司采取的薪酬结构是基本工资+绩效工资+奖金+福利,员工薪酬的50%来自基础工资,

10%来自绩效工资,20%来自福利,20%来自奖金,且公司的人均薪酬水平高于该地区其他行业企业,福利待遇相对较高,对员工具有较强吸引力,通过岗位价值来确定薪资和职位级别,有利于员工对工资水平的认可,提高员工的工作满意度。从表×-×可以看出,员工对公司薪酬方面的满意度占比较高,89%的员工对公司的薪酬水平与其他行业相比满意度较高。从表×-×可以看出,55%的员工较多地依据公司的奖励政策获得过公司的奖金,表×-×中,65%的管理人员认为影响激励策略满意度的因素中占比最大的是薪酬激励,由此可见,公司所采取的薪酬结构是具有激励性的,有利于吸引人才,留住员工。

2. 发现的问题及原因分析

发现的问题及原因分析部分与传统的学术型毕业论文的写法大致相同。根据第三部分的数学建模与逻辑分析结果,研究者对于存在的问题,也要运用相关理论和现实条件(调查得到的数据),深入剖析原因,并给出解决对策。

示例 5-16

问题阐述示例

1. 物质激励缺乏针对性

根据调查问卷结果得知,绩效考核的方式以及激励效果不佳。管理人员认为企业物质激励一般的人数为50人,占到总人数的63%。通过访谈结果得知,管理人员的物质激励主要包括奖金、养老保险、退休金等形式。然而,管理人员对于企业的物质激励并不满意,主要原因在于企业的物质激励形式过于单一,以普遍的物质激励方式为主。对于一些管理人员来说,这些物质激励对其的激励效果不佳,他们需要更加有针对性的物质激励,普通的物质激励无法达到更好的激励效果。

示例 5-17

原因分析示例

未结合管理人员需求开展物质激励

由于每个管理人员都有其独特的职业规划、个人价值观以及生活阶段,对于激励偏好和期望各不相同。根据职工的不同绩效水平和职业动机,制定差异化的激励方案至关重要。有些管理人员注重长期的经济回报,关注物质激励在未来自身物质生活保障方面的作用。也有管理人员更加注重短期的经济回报,他们希望通过自己的努力迅速获得可观的奖金和福利,以此作为衡量自身价值和工作成效的直接指标。这种做法很容易导致激励措施与管理人员的实际需求脱节,从而无法达到预期的激励效果。

3. 对策建议

基于数据分析结果,运用相关理论,针对发现的问题给出对策建议。

建议:(1) 存在的问题与提出的对策数量要求一一对应。

(2) 基于论文工作量的要求,启示提炼和对策分析的总量以 3 条以上为宜。

示例 5-18

对策建议示例

设计个性化物质激励方式

第一,实施利润分享计划,这是将企业一定时期内实现的超额利润按一定比例分配给员工的一种激励制度。这种计划体现为员工在一定的工作期限内,如一年或几个季度,共同努力实现公司预定的利润目标。一旦达成或超过这一目标,超出部分的利润就按照事先约定的规则以现金形式分配给员工。企业可以通过这一形式激发员工的工作动力和提升企业绩效。

第二,建立股权激励制度,这是将管理人员的个人利益与公司长远发展紧密结合的长期激励手段。它通过授予管理人员公司股份或相关权益,使他们能够直接分享公司成长和成功带来的红利,推动公司的持续进步和繁荣。同时,股权激励往往设有一定的锁定期限制,要求管理人员在规定的期限内不得出售或转让所持有的股份。这样的设计有助于确保管理人员对公司的长期承诺,维护公司的稳定性和持续发展。

4. 调查总结的写作方法

调查总结与其他类型的论文的写法大致相同,即从总体上对完成的调查报告进行总结。它主要包括两个方面:

(1) 研究者说明通过调查,得到了哪些启示,发现了哪些问题并提出了哪些对策以及完成的主要调查工作及其结论,分条列出即可。

(2) 研究者说明调查存在的主要不足、反思今后如何使调查的信度或效度更高,结论更准确并说明调查需要完善的方面及改进深化的方向。

示例 5-19

调查总结示例

文章以盛国新材料科技有限公司为调查对象,得出以下结论:

与同行业其他企业相比较,盛国新材料科技有限公司的福利待遇具有较强的吸引力和竞争力,福利实施过程公平公正,培训福利设置较为完善。这不仅有利于促进员工工作的积极性、提高工作效率、增加对公司的归属感和认同感,还有利于员工拥有较好的发展机会和自我发挥空间。

员工对于福利了解程度不够全面,不能清晰明确地了解公司的福利方案和政策,需要公司加大对福利方案的宣讲力度。

公司未结合员工的不同需求制订福利方案,不能完全满足所有员工的需求和期望,需要公司提供弹性的福利方案满足员工需求。

公司缺少人文化的心理支持类福利关怀,随着员工的工作压力变大,员工的心理压力随之而来,那么完善员工心理健康服务就变得越来越重要。

在本次调查过程中,选取样本存在局限性并且时间上存在有限性。在调查与被采访员工的访谈过程中,因为研究者的经验与能力不足,进行调查时访谈环境塑造不够,受访谈人员的身心未得到彻底放松。在未来的调查过程中,研究者将积累此次调查研究经验,完善调查活动,确保调查报告质量。

第七节　参考文献、致谢、附录的写作方法

一、参考文献的写作方法

参考文献根据调查报告中采用的理论方法和前人成果的具体情况列出,不做数量的限定,根据正文写作中的顺序列示即可,其具体格式与论文相同,不需在文中以脚标形式标注。

二、致谢的写作方法

毕业论文的致谢部分,主要用于表达个人在调查研究和报告撰写过程中对受到的各方面帮助的真诚谢意。致谢部分的撰写需要注意以下几点。

1. 感谢对象要明确

在你的调查研究和报告撰写的过程中,需要众多的组织和人员的帮

助才能完成。感谢的对象主要包括：学校、指导老师、同学、调查研究对象、被调查者等，当然还可能包括家人、亲友等。对所有与论文写作有助益的组织和个人都要表达出感谢之情。

2. 语言使用要恰当

致谢部分尽量使用诚恳、真挚的语言表达感激之情。致谢可以运用与正文不同的感性化、文艺范的语言，让致谢的语言表达更具感染力和亲和力。致谢也可以引经据典来表达感激之情和人生感悟。

3. 行文格式要规范

致谢部分应当放在调查报告的结尾部分，字数不宜多，要简明扼要。致谢要按照规范的文本格式进行排版，字体、字号、行间距等与正文保持一致。

三、附录的写作方法

附录的内容主要分两种类型：一是篇幅太大的前述调查研究设计的总方案；二是分类列出的篇幅太大的调查问卷、访谈提纲、实测数据统计表格、二手数据收集表格以及获取的企业运行数据（可公开的部分）等内容，附录写作的具体格式与正文相同。

学习效果达成训练

● **一、知识体系自主建构训练**

1. 请你运用思维导图等方法对本章内容进行系统化总结。
2. 观察你的思维导图结果,结合你的专业特点,你认为要想做好调查报告,需要从基础知识和专业理论方面做哪些储备?

● **二、知识运用与能力生成训练**

1. 请自拟一个调查报告题目,根据你的调查设计和调查报告结构框架,撰写一份摘要和关键词。
2. 承接本部分第一题确定的题目,确定并提炼你的调查报告所需的相关理论并概括叙述内容,引用文献要有标注。
3. 承接本部分第一题确定的题目,给出你的调查设计结果,说明你是如何确定调查的核心问题并将其展开为相关变量的?以及这些变量是如何被转换为调查题目(问卷中的题目,访谈提纲中的题目等)的?
4. 承接本部分第一题确定的题目,在调查报告的启示与对策分析部分,你将采用哪些方法进行分析?为什么?

● **三、高阶思维意识生成训练**

1. 毛泽东在《实践论》中指出,你要知道梨子的滋味,你就得变革梨子,亲口吃一吃。根据这个论断,请谈谈你对调查报告型毕业论文的现实价值的认识。

2. 从四个自信的视角对你的调查设计过程进行进一步审视,请你谈一谈如何通过调查设计挖掘社会经济活动中习近平新时代中国特色社会主义思想的现实呈现。

第六章

案例分析型毕业论文撰写

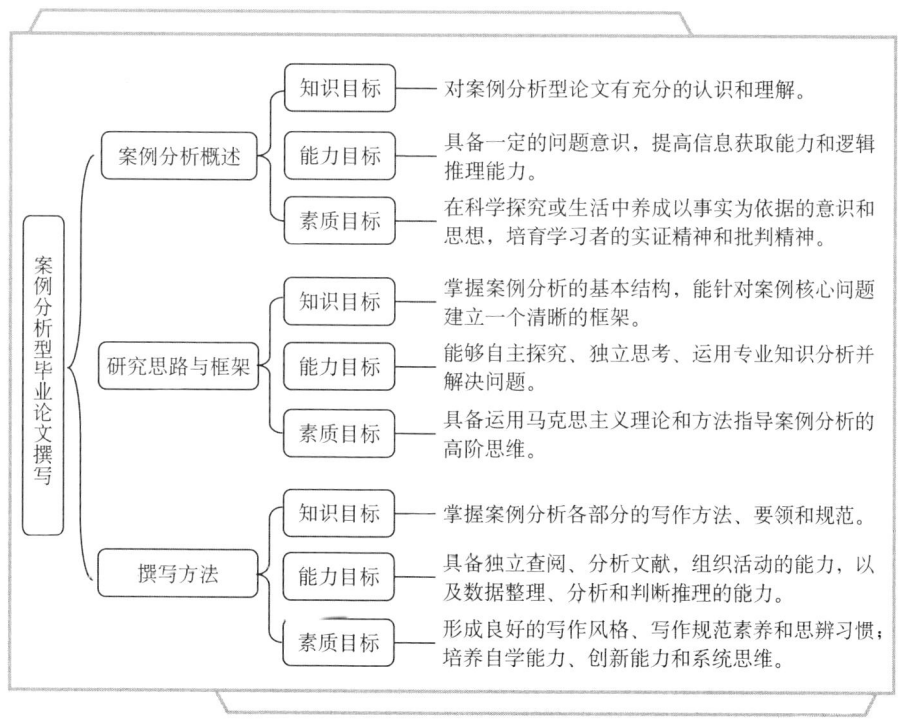

案例分析型毕业论文撰写学习目标

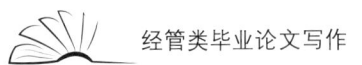

学习导引

思维导引

在本章,学习者应从案例分析型毕业论文的目的与特点出发,基于个性与共性关系原理,构建案例分析型毕业论文的总体内容和结构关系;运用认识论、实践论和矛盾分析方法,确定案例分析型毕业论文的核心问题及其变量并逐层展开;综合调查分析和定性定量分析方法,通过对案例分析的研究设计、假设与模型构建、数据收集整理与分析等环节进行整体规划,针对案例分析的个性化分析,给出案例启示与问题剖析论证。

实践导引

在本章实践中,学习者应始终以认识论、实践论为指引,并运用具体问题具体分析的马克思主义哲学分析方法,从高阶思维视角观察、收集、整理和分析数据,养成实事求是的严谨科学态度和高度自觉的思维意识。

第一节 案例分析概述

一、案例分析的内涵

案例分析是一种研究方法,它通过对特定个体、组织或现象的深入、全面的调查和研究,以揭示其特性、规律和问题。这种方法在社会科学、商业和管理学等领域中被广泛使用。

案例分析的优点是其可以提供丰富的细节和深度,有助于研究者理解复杂的现象和问题。但是,案例分析通常只关注个别案例,因此其结果可能缺乏普遍性和推广性。案例分析的一般过程如图 6-1 所示。

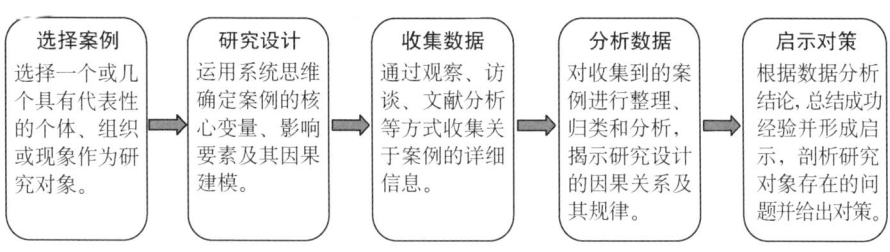

图 6-1　案例分析的一般过程

二、实证研究

实证研究则是一种科学研究和论证方法,它强调通过观察和实验来收集数据,然后通过统计分析来验证假设或理论。实证研究的方法包括实验法、观察法、调查法、访谈法等。实证研究的一般过程如图 6-2 所示。

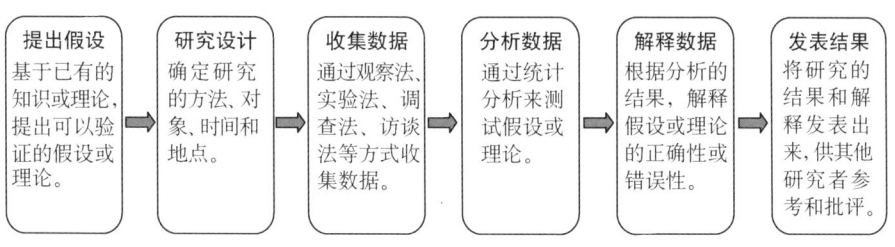

图 6-2　实证研究的一般过程

三、案例分析的特点

案例分析型本科毕业论文以具体案例作为切入点,通过选择恰当的研究方法与研究设计,基于理论与实践相结合,培养学生的问题分析和问题解决能力。案例分析有如下几个特点。

1. 分析对象的特定性

案例分析以真实、具体的案例为核心研究对象,通常选择具有代表性或典型性的案例(如特定的企业等),确保案例与研究主题直接相关。

2. 案例与数据来源的真实性

案例分析需提供充分细节(如时间线、参与主体、环境因素),避免信息遗漏或片面性,确保读者全面理解案例全貌。案例描述需基于客观数据(如文献资料、访谈记录、问卷调查等),强调纪实性,避免主观臆断或虚构。

3. 定性与定量相结合

案例分析需通过访谈、观察等定性方法挖掘案例深层机制,同时结合数据分析(如 SPSS 统计)验证假设。例如,分析某公司的市场营销战略既需要通过定性调查来描述营销活动的过程细节,也需要定量测量和统计销售额、用户增长等量化指标。

4. 研究结果的实用性

案例分析需针对特定研究对象的具体问题提出切实可行的建议。例如,通过某企业的财务管理风险提出优化流程等改进策略。一方面,案例分析结果在一定程度上有可能修正或补充现有财务风险管理理论,另一方面,案例分析结果也可以为同类企业的类似风险管理问题提供借鉴。

第二节　案例分析型毕业论文的研究思路与内容框架

一、研究思路

案例分析型毕业论文的一般研究思路如图 6-3 所示。

二、内容框架

案例分析型毕业论文的一般框架结构如图 6-4 所示。

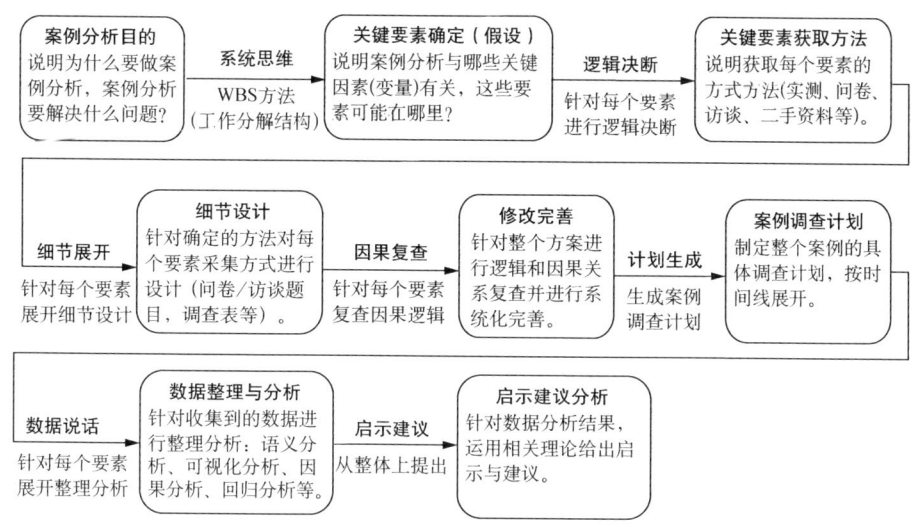

图 6-3 案例分析型毕业论文的一般研究思路

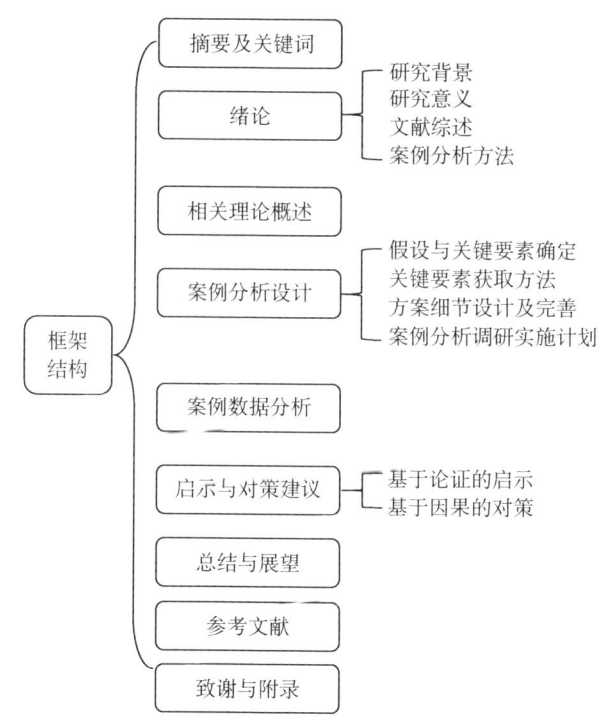

图 6-4 案例分析型毕业论文的一般框架结构

1. 摘要

摘要是对案例分析的高度概括性陈述。其用于总结和分析某个具体案例的研究内容、方法、关键发现和结论。案例分析型毕业论文的摘要旨在为读者提供对案例分析的快速概要性了解，使他们能够在不阅读论文全文的情况下，仍然能够把握案例研究的核心要点和研究成果。

2. 绪论

1）研究背景

研究背景是指促使研究者选择进行案例分析研究的外部环境或情境，它通常包括以下几个方面：

其一：现实问题与需求。某些领域或行业可能会存在一些具有普遍性、复杂性或紧迫性的问题，这些问题可能影响到政策制定、企业管理、社会进步等多个方面。研究者通过对这些现实问题的观察和分析，选择借助案例分析来深入探究问题的本质、原因及解决方案。

其二：理论框架的局限性。现有的理论框架或模型可能无法全面、准确地解释某些现象或问题。研究者为了验证或修正这些理论，或者探索新的理论视角，会选择具体的案例进行深入分析，以揭示理论与实践之间的差异和联系。

其三：实践经验的积累。在实践中，人们可能会积累大量的经验数据、案例故事或成功案例。这些实践经验为研究者提供了丰富的素材和依据，通过案例分析，研究者可以提炼出有价值的经验和教训，为其他类似情境提供指导和借鉴。

2）研究意义

研究意义用于说明研究者的案例分析对于理论发展、实践应用以及社会进步等方面所产生的积极影响和贡献，以及对于其他类似企业（部门）的借鉴价值。

3）文献综述

文献综述是对某一特定主题或问题下的多个案例分析研究进行的综合归纳和总结。它不仅梳理了各个案例分析的主要观点、方法和结论，还对这些研究进行了比较分析,提炼出了关键信息和普遍规律,对所选择的相关参考文献进行总结评价,同时说明研究者的案例分析的研究视角的价值,为后续的研究和实践提供有价值的参考。

4) 案例分析方法

案例分析的常用方法包括:文献法、定量分析法、定性分析法、访谈法等。研究者对在案例分析中主要应用的方法进行阐述,阐明该方法在文章中是如何应用的。

3. 相关理论概述

相关理论,即与案例分析内容紧密相关,提供分析案例所必需的概念、模型和视角的理论,这些理论要能为案例分析设计、数据收集整理分析、启示与对策建议的提出做支撑。

4. 案例分析设计

1) 假设与关键要素确定

研究者通过文献回顾和初步的调查,说明案例分析的核心变量与哪些关键因素(变量)有关,这些要素可能在哪里,这些变量与核心变量之间可能是什么关系并给出初步的案例分析假设。

2) 关键要素获取方法

研究者说明每个要素获取的方式方法(实测、问卷、访谈、二手资料等)并确定研究方法,如访谈法、观察法、文档分析法等。设计数据收集的工具和程序。

3) 方案细节设计及完善

研究者针对确定的方法对每个要素的采集方式进行设计(问卷/访谈题目,调查表等),针对整个方案进行逻辑和因果关系复查并进行系统化完善。

4) 案例分析调研实施计划

研究者按时间线展开制定整个方案的具体计划,形成调研实施计划书。案例分析调研实施计划书包括:案例调研内容(问卷/访谈题目、调查表等)、案例调研方法、案例调研范围(地理范围、调研对象等)、时间安排等。

5. 案例数据分析

研究者对收集到的数据进行整理与分析,从数据中识别关键主题和模式,探索案例内的逻辑关系和因果关系。数据整理与分析的方法包括:语义分析、主题分析、叙事分析、比较分析、可视化分析、因果分析、回归分析等。

6. 启示与对策建议

研究者针对数据分析的结果,运用相关理论给出启示和对策建议。研究者将分析结果与理论和其他研究相联系,讨论案例的意义、影响和启示。研究者基于分析结果和研究发现提出启示和对策建议。

7. 总结与展望

在总结与展望部分,研究者需反思研究过程和方法的局限性,批判性评估研究的可靠性和有效性。

8. 参考文献

参考文献是研究者在撰写案例分析型论文过程中,为了支持论点、数据、结论或理论框架而引用的各种来源的文献。这些参考文献可能包括书籍、期刊文章、会议论文、报告、网页、数据库记录、法律文件、政策文件等多种类型。

9. 致谢与附录

致谢部分是用于表达感谢的段落。它通常位于正文之后、附录之前,用于感谢在论文撰写过程中给予研究者帮助和支持的个人或机构。

附录是用于补充正文内容的部分。它通常位于论文的最后,用于提供正文无法容纳或不适合在正文中呈现的信息。附录的内容包括:详细数据、调查问卷、访谈记录、计算过程、其他补充材料。

第三节 案例分析型毕业论文的撰写方法

案例分析型毕业论文的摘要的写法与其他类型的论文大致相同,不

一、绪论

1. 案例分析的研究背景、意义

1) 研究背景

在研究背景部分,研究者需说明案例分析的背景、目的及其要解决的问题。

在研究背景部分,研究者需围绕近年来经济管理实践的问题,阐明研究的出发点和动因,运用相应的理念、基本理论等特定视角,试图通过系统调研和个案分析,对某公司相关管理的经验教训进行系统总结,明确研究的重要性和研究的实际应用价值。

《示例 6-1》

案例分析的研究背景阐述示例

《立信对 JX 高新技术公司审计风险控制案例分析》

2016 年,《高新技术企业认定管理办法》的再修订对认定要求的放宽,使得大多数企业,尤其是中小企业,都想方设法地希望通过认定成为高新技术企业,以此来降低税负压力。高新技术企业不断涌现的未来可以预见。如何保证投资者得到真实有效的信息做出合理的决策是高新技术企业审计的重要目的之一。在高新技术企业审计中,审计风险是一项关注的重点,编制企业财务报表的管理层往往希望能在报表中反映出好的信息给投资者。这就不可避免地产生审计风险,如何有效控制审计风险也成了审计人员及会计师事务所关注的重点。目前对于高新技术企业的审计风险控制这一研究课题还存在许多空白,事务所如何对其进行改善还有待进一步探讨。故此,文章针对高新技术企业审计风险控制,从事务所角度出发,以立信对 JX

高新技术公司审计风险控制为例,尝试就如何有效控制高新技术企业审计风险问题进行探讨,对其审计风险现状进行分析,进而提出控制审计风险的相应建议,具有一定的实践意义和学术价值。

2) 研究意义

在案例分析的意义部分,研究者需阐明案例分析结论对本企业或外部领域产生的积极影响和借鉴价值。案例分析的研究意义包括理论意义和实践意义。

《示例 6-2》

案例分析的研究意义示例

《科技型中小企业知识产权质押融资研究》

(一) 理论意义

文章的选题内容是金融、法律、公司治理、经济行为学等多学科的融合拓展研究,将科技赋能于新金融,深入分析了知识产权质押融资过程中各参与方的作用与需求,增加了相关学科的研究深度。文章的研究为科技型中小企业的融资带来了新的渠道,帮助企业管理者给公司的资金危机打开了新思路,同时为知识产权质押融资的后续发展提供参考,拓宽融资研究的视角。

(二) 实际意义

通过对 H 公司知识产权融资案例的分析和知识产权融资优化模式的提出,有效地帮助科技型中小企业解决知识产权融资优化选择中的问题和困难,推动了知识产权融资模式的发展。此外,此研究对加快科技型中小企业技术改造升级,加快科技成果转化和落地,帮助科技型中小企业快速、健康发展都有着重要的现实意义。

2. 文献综述

在文献综述部分,研究者从不同视角(层面)对某一特定主题或问题进行综合归纳和总结,同时指出当前研究所存在的局限或空白,并进一步提出本次研究的切入点、突破点或创新点。案例分析文献综述撰写步骤如图 6-5 所示。

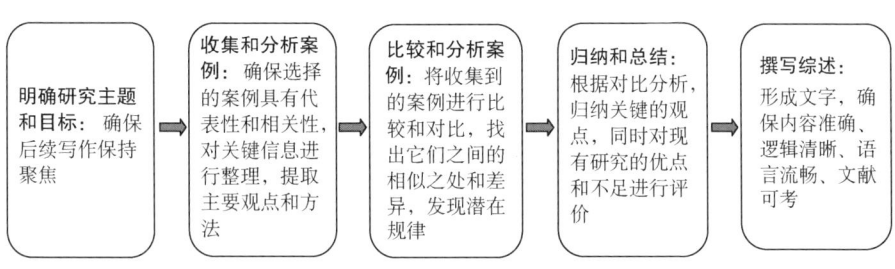

图 6-5 案例分析文献综述撰写步骤

示例 6-3

案例分析的文献综述示例

《双碳背景下华能集团可持续发展挂钩债券融资案例研究》

一、绪论

……

(二)文献综述

1. 可持续发展挂钩债券的发行优势研究
2. 可持续发展挂钩债券的投资者风险研究
3. 电力企业的转型升级研究
4. 电力企业的融资现状研究
5. 文献评述

二、案例分析的相关理论

在相关理论部分,研究者需说明本次案例分析所采用的理念、基本概念、指导理论模型等,以表明案例分析的研究视角,为案例研究做支撑。案例分析型论文的相关理论部分的撰写需要明确研究目的和主题,选择合适的理论框架,并注重理论与案例的结合。通过逻辑清晰、引用规范、理论与案例紧密衔接的写作方式,研究者可以撰写出高质量的案例分析型论文。

案例分析相关理论示例

《××企业分拆上市案例研究》

……

二、相关理论概述

(一)分拆上市的定义及类型

1. 分拆上市的定义

2. 分拆上市的类型

(二)分拆上市的理论基础

1. 多层次资本市场理论

2. 业务集中理论

3. 信息不对称理论

三、案例分析的调研设计

1. 关键因素确定

1)案例分析问题的可能影响因素

研究者需说明案例分析目的是如何分解为各个关键要素的。假设研究者找到10个因素。

以公司财务管理业绩的影响因素为例,公司财务管理业绩的影响因素可能存在于企业内部,也可能源于企业外部环境。根据财务管理相关理论,可能的影响因素主要有 a、b、c 等。

其中:a 因素一般通过 A 途径影响企业财务管理业绩;b 因素主要通过 B 途径影响企业财务管理业绩……(说明有何可能的因果关系)。×××公司财务管理业绩的可能影响因素分析框架如图 6-6 所示。

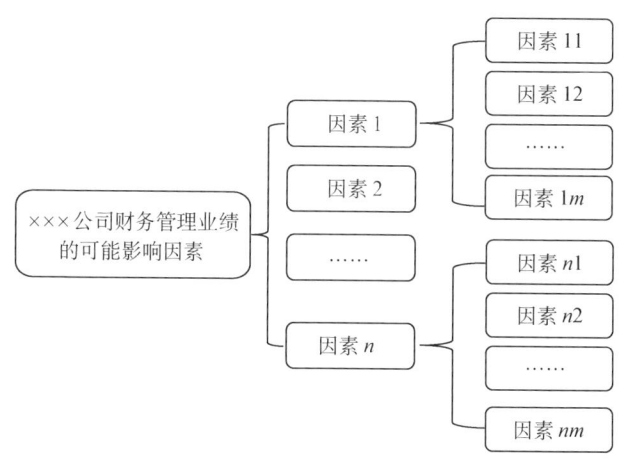

图 6-6　×××公司财务管理业绩的可能影响因素分析框架

2) 关键影响因素甄别确定

假设研究者找到的 10 个因素中只留下 6 个因素,研究者要说明其他 4 个因素为什么不重要。

3) 关键影响因素细化分解

对关键影响因素按照树状图进行细化分解,即研究者把确定的 6 个因素进一步向下一层分解为具体可测的变量,最下层(第 3 层)的变量将成为问卷/访谈提纲的具体题目,或者成为调查表/现场实测等的具体调查事项。

2. 关键要素获取方法

在关键要素获取方法部分,研究者主要说明获取每个要素的方式方法(实测、问卷、访谈、二手资料等)。

1) 关键影响因素调查方式确定

基于调查效益最大化(省时、省力、省资源等)的原则,研究者统筹考虑前述的主要影响因素细化分解结果(树状结构第3层)的各个变量的特点,确定每个变量的调查方式(普查、抽查、典型调查、重点调查等)。

2) 关键影响因素调查方法选择

基于调查效益最大化(调查数据的有效性等)的原则,研究者统筹考虑前述的主要影响因素细化分解结果(树状结构第3层)的各个变量的特点,确定每个变量的调查方法:观察法、访问法(问卷、访谈、座谈会等)、文案法(二手资料)、实验法(采用较少)。

3. 方案细节设计及完善

在方案细节设计及完善部分,研究者需要针对确定的方法对每个要素采集方式进行设计(问卷/访谈题目,调查表等),对整个方案进行逻辑和因果关系复查并进行系统化完善。方案细节设计及完善主要包含以下几部分。

1) 访谈提纲设计

访谈提纲设计主要说明哪些因素适合于访谈,每个具体因素采用访谈的设计思路、具体访谈题目、是否需要相互验证?访谈哪些对象?访谈的大致数量?每个访谈题目重点关注的核心点是什么?列出所有访谈题目,形成访谈提纲文本。

2) 调查问卷设计

调查问卷设计主要说明哪些因素适合于问卷调查,每个具体因素采用问卷调查的设计思路、具体问卷题目、是否需要相互验证?问卷调查的对象?抽样样本数量?抽样方法的选择与确定依据?每个问卷题目重点关注的核心点是什么?列出所有问卷题目,形成问卷文本。

3) 调查表设计

调查表主要适用于企业运行过程中的资料获取,也可用于其他形式的二手资料获取。

调查表设计主要说明哪些因素适合于采用调查表的方式?每个具体因素采用调查表的设计思路、具体表格的表题表头设计、是否需要相互验证的关联数据、如何获取关联数据？调查表主要用于收集哪些变量因素？这些因素是在企业内部还是在企业外部(在企业外部要说明具体调查对象)？

给出具体所需的调查表,根据需要可能有多个表。

4. 调研计划实施

案例分析的调研计划实施,需要制定整个案例分析按时间线展开的具体调研计划,形成调研实施计划书。调研实施计划书的内容包括:调研内容(问卷/访谈题目、调查表等)、调研方法、调研范围(地理范围、调研对象等)、时间安排等。

调研计划主要说明调查事实的一般流程,其可以按照时间线列出,也可以按照具体调查项目区分类别,并给出完成时间。调研计划可以采用表格的形式(表头应列出调查项目、调查方式、调查方法、调查对象所在单位或数据载体、完成时限、备注等),也可以采用一般文本形式(要按照具体调查项目给出调查方式、调查方法、调查对象所在单位或数据载体、完成时限、备注等)。

四、案例分析调研数据的收集、整理与分析

研究者针对案例分析中收集到的数据,运用统计学等常用方法进行整理与分析。对于收集到的以文本形式表述的定性数据,研究者需要运用文本分析和语义分析来进行归纳整理,找出共性的陈述与判断,形成概括性的表达,为后续分析做好准备。对于收集到的各类定量数据,研究者可以采用统计学的一般方法进行可视化展示,还可以进一步采用相关分析、回归分析等方法进行因果探究。

这部分与学术型毕业论文的写作方法大致相同,案例分析调研数据的分析的主要关注点在于验证案例问题提出的基本假设是否正确,即案例分析的关键因素能否得到验证。案例分析调研数据的分析主要包括以下几个部分。

1. 数据整理与展示

研究者要针对不同类型的数据给出数据整理依据和方法。例如,对

于访谈获取的文本数据,研究者通常可以采用语法分析的方法,整理出访谈数据的主要句子成分,梳理出关键因果关系,然后把梳理出的访谈结果归纳整合成若干基本观点或判断,再把这些基本观点或判断整合为可用的结论。

对于获取的运行数据、报表中的数据或调查问卷,研究者可以采用可视化处理的方法展示调查结果的状态。

2. 定性定量关系分析

对于经过前述整理过的定性数据,研究者可以运用演绎逻辑或归纳逻辑进行因果分析,并在此分析的基础上给出基本判断。对于定量数据,研究者要运用统计分析理论构建数学模型,进行相关分析或因果分析,给出基本判断。

五、启示与对策建议

针对数据分析结果,研究者运用相关理论给出启示与对策建议。

这部分包括启示与建议两部分,写作方法与其他形式的论文大致相同,要根据案例分析调研数据的收集、整理与分析的结果写作。

学习效果达成训练

一、知识体系自主建构训练

1. 请你运用思维导图等方法对本章内容进行系统化总结。
2. 请你根据上一题的思维导图结果,从提高案例分析型毕业论文写作质量的视角出发,你觉得需要在哪些方面做好知识储备和能力训练?

二、知识运用与能力生成训练

1. 请自拟一个案例分析型毕业论文题目,根据你的案例分析设计和结构框架,撰写一份摘要和关键词。
2. 承接上一题确定的题目,请你选择关键词查阅相关文献,写出文献综述(包含国内外研究现状,参考文献要在文中标注,并按规范列出参考文献),并形成开题报告。
3. 承接本部分第一题,请你确定并提炼案例分析所需的相关理论(引用文献要有标注)。
4. 承接本部分第一题,请你给出你的案例分析设计,并说明你是如何确定案例分析的关键要素及其变量的。
5. 承接本部分第一题,在案例启示、问题及原因分析、对策分析部分,你将采用哪些理论与分析方法,为什么?

三、高阶思维意识生成训练

1. 案例分析法就是一种"解剖麻雀"的方法,其要求通过深入实际对个别典型的科学剖析,求得对一般规律的正确认识,这体现了辩证唯物主义由个别到一般的认识原理。请根据这段话,谈谈你对案例分析型毕业论文的认识。

2. 请你分析如何通过案例分析的设计与实施,挖掘我国社会经济活动中蕴含的理论自信、道路自信、制度自信、文化自信。

第七章

经管类毕业论文答辩

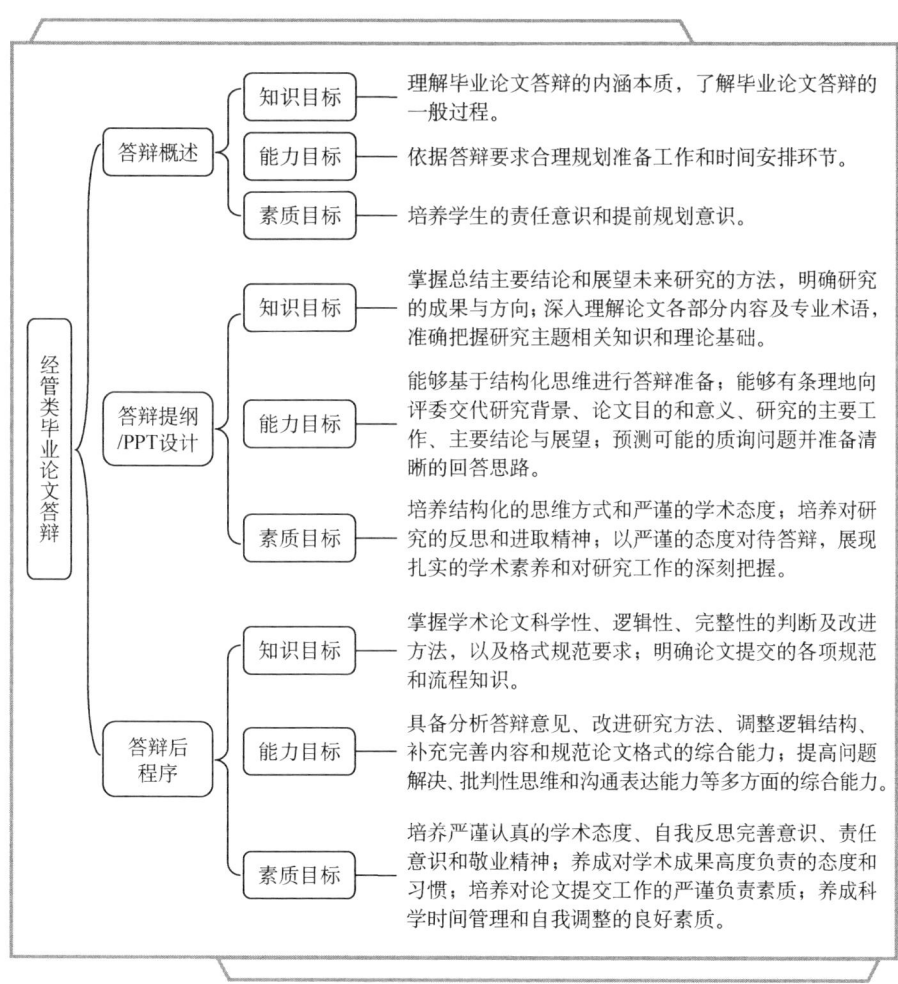

经管类毕业论文答辩学习目标

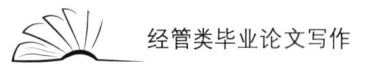

思维导引

在本章,学习者应运用马克思主义系统观点和沟通的金字塔原理,构建毕业论文答辩的系统阐述逻辑;运用系统论和演绎逻辑分析方法,确定毕业答辩稿的严谨内在逻辑,运用定性定量分析方法,展示论文研究结论的形成过程,提高答辩过程的沟通效率。

实践导引

在本章实践中,学习者应始终以系统论、矛盾论和演绎逻辑的马克思主义哲学视角来思考、设计答辩稿,养成严谨的科学态度和高阶思维意识。

第一节 毕业论文答辩概述

一、毕业论文答辩的本质

1. 本科毕业论文答辩的主体

本科毕业论文答辩的主体主要涉及学生和答辩委员。本科毕业论文答辩的主体关系如图7-1所示。

第一,学生作为答辩的主要参与者,需要对自己的论文内容非常熟悉,能够清晰地阐述研究的目的、方法、成果和结论等,并回答答辩委员会提出的问题。

第二,答辩委员一般由本专业的教师或专家组成,他们负责听取学生

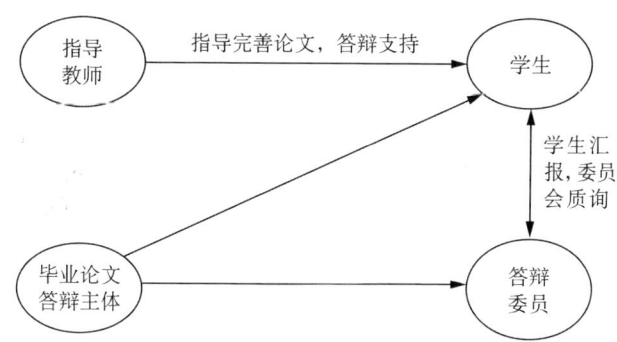

图 7-1　本科毕业论文答辩的主体关系

的答辩汇报,对论文的质量和学生的表现进行评估和提问。例如,学生在答辩中详细讲解自己对某一课题的深入研究和创新观点,而答辩委员们则从不同角度质疑研究的合理性、方法的科学性等,以检验学生的研究深度和对知识的掌握程度。

此外,还要提到毕业论文的指导教师,指导教师虽然不是直接答辩的主体,但其在答辩前对学生的论文指导起到关键作用,帮助学生完善论文,也可能会在答辩过程中提供一定的支持或解释。

总的来说,这些主体共同构成了本科毕业论文答辩的重要元素,相互作用,以确保毕业论文的质量和学生的学术能力能够得到准确的评估。

2. 本科毕业论文答辩的本质

本科毕业论文答辩的本质可以从以下几个方面来理解:

首先,它是对学生本科阶段的学习成果的一种检验。答辩可以用来考查学生是否真正掌握了专业知识,是否能够运用所学知识对特定问题进行深入研究和分析。

其次,它是对学生综合能力的考核。学生综合能力包括研究能力、创新能力、逻辑思维能力、语言表达能力、应变能力等。例如,学生需要有条理地阐述自己的研究过程和成果,面对老师的提问能迅速而准确地回应,这体现了多种能力的综合运用。

最后,它也是一个知识交流和学术探讨的过程。答辩委员与学生之间就论文内容展开互动和交流,促进知识的传播和深入思考。

从某种意义上说,本科毕业论文答辩本质上是一个确认学生具备本科毕业水平和能力的重要环节。它确保了学生在完成学业后,有足够的能力和素养进入社会或继续深造。本科毕业论文答辩就像一场"毕业大考",只有通过了这个考验,学生才能真正获得本科学位,迈向人生的下一个阶段。它不仅仅是一个形式,更是对学生大学四年学习和成长的总结与认可。

3. 本科毕业论文答辩的目的

1) 学生视角

从学生的角度来看,本科毕业论文答辩有以下重要目的:

(1) 知识巩固与升华。本科毕业论文答辩促使学生对所学专业知识进行系统梳理和深入思考,进一步巩固专业知识体系,甚至可能在答辩过程中对某些知识点有新的领悟和升华。

(2) 能力提升。本科毕业论文答辩能够培养和锻炼学生的多种能力。例如,表达能力,让自己能清晰、准确地传达复杂的学术观点;应变能力,能根据答辩委员的提问迅速组织合适的回答;抗压能力,能在紧张的氛围中保持冷静和自信。

(3) 自我评估。通过答辩,学生可以衡量自己的学习成果和学术水平,了解自己在专业领域的优势与不足,为今后的发展明确方向。

(4) 获得认可。通过答辩,学生争取答辩委员的认可和肯定,证明自己有能力完成高质量的学术研究,为顺利毕业和获得学位打下基础。

2) 教师视角

从老师的角度来看,本科毕业论文答辩有以下目的:

(1) 检验教学成果。本科毕业论文答辩可以了解学生经过本科阶段的学习和培养,是否达到了预期的知识水平和能力要求,以此检验教学的有效性。

(2) 考查学生综合素质。本科毕业论文答辩可以了解学生除了专业知识外,在逻辑思维、创新思维、表达沟通、独立思考等方面的综合素养。

（3）确保论文质量。通过答辩中的提问和交流，答辩委员进一步核实论文的真实性、科学性和创新性，确保学生的研究成果达到一定标准。

（4）引导与指导。答辩委员在答辩过程中给予学生恰当的反馈和建议，帮助他们更好地理解专业知识和研究方法，起到引导和指导的作用。

（5）学术传承与交流。答辩委员与学生分享自己的经验和见解，促进学术思想的传承和交流，同时也能从学生的观点中获得新的启发。

4．本科毕业论文答辩的意义

对于学生而言，本科毕业论文答辩具有极其重要的意义。它是对学生整个本科阶段学习成果的一次综合检验和展示，也是一个证明自己学术能力的重要契机。通过毕业论文答辩，学生能够系统地梳理自己所学的知识，将理论与实践相结合，展现自身对专业领域的理解和掌握程度。同时，毕业论文答辩还是培养学生表达能力、应变能力和逻辑思维能力的重要过程。在与答辩委员会的交流中，学生需要清晰地阐述观点、回答问题，从而提升自己的沟通技巧。此外，毕业论文答辩更是学生迈入社会前的一次重要演练，让他们提前感受严肃的学术氛围和竞争压力，为今后的工作和继续深造做好准备。它犹如一座桥梁，连接着学生的校园生活和未来的发展道路，让学生以更加成熟和自信的姿态走向社会，迎接新的挑战和机遇。

本科毕业论文答辩对于专业发展同样意义重大。它为专业知识的传承和创新提供了重要平台。学生通过深入研究和撰写论文，有可能在专业领域内发现新的视角或观点，为专业的发展注入新鲜血液。答辩过程中不同观点的交流与碰撞，能够激发新的思考和研究方向，推动专业不断向前发展。而且，答辩促使教师更加关注专业的前沿动态和教学质量，不断提升自身专业素养，以更好地指导学生。这有助于整个专业教学水平的提高，培养出更多优秀的专业人才。再者，它是展示院校专业特色和优势的窗口，外界可以通过学生的表现和研究成果来了解院校该专业的实力和水平。良好的答辩成果还能提升院校专业的声誉和影响力，吸引更多优质资源。

二、毕业论文答辩的一般过程

毕业论文答辩的一般过程如图7-2所示。

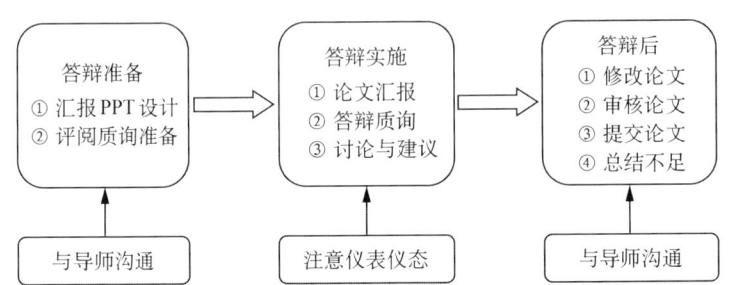

图7-2 毕业论文答辩的一般过程

第二节 基于结构化思维的答辩提纲设计

一、结构化的汇报PPT逻辑设计

毕业论文答辩提纲/PPT的结构化设计过程如图7-3所示。

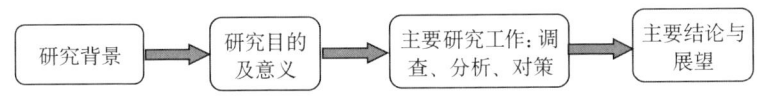

图7-3 毕业论文答辩提纲/PPT的结构化设计过程

二、内容设计

1. 交代研究背景

在毕业论文答辩开始的环节,学生需要清晰而准确地交代论文的研究背景。论文的研究背景为整个研究奠定了基础和情境。因此,学生需要向答辩委员会展示所选研究课题是在怎样的大环境和具体情境下产生的。研究背景可以从以下几个方面来阐述:

第一,描述当前所处的时代特征、社会趋势或行业发展动态。通过描述,让答辩委员理解该研究的外部推动因素。

第二,提及在该领域已有的相关研究成果和现状。指出已有研究的优点和不足,以及存在的空白点或争议点。这能体现出研究是对现有知识体系的补充和完善。

通过对研究背景的全面且有条理的交代,学生能够让答辩委员更好地理解论文的研究动机和出发点,为后续的答辩内容奠定坚实的基础。

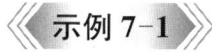

研究背景阐述示例

尊敬的答辩委员会老师:

大家好!我是×××,我的毕业论文题目是《基于宽带薪酬设计的×××公司职位薪酬体系研究》。现在我来阐述本论文的研究背景。

从时代特征和社会趋势来看,当今社会处于经济快速发展和市场竞争日益激烈的时代。在企业管理领域,人才成为企业的核心竞争力之一。随着信息技术的不断进步,企业的经营模式和组织架构也在发生深刻变革。对于×××公司所处的行业来说,市场环境变化迅速,企业需要更加灵活高效的人力资源管理体系来吸引、留住和激励优秀人才。宽带薪酬作为一种新型的薪酬设计理念,在这样的时代背景下应运而生,它能够更好地适应企业的发展需求,为企业的人力资源管理提供新的思路和方法。

关于该领域已有的相关研究成果和现状。目前,已有许多学者对宽带薪酬设计进行了深入研究。他们的研究成果提供了丰富的理论基础和实践经验。例如,一些研究指出宽带薪酬能够提高员工的工作积极性和满意度,促进企业的绩效提升。然而,现有研究也存在一些不足之处。一方面,对于中小企业的宽带薪酬设计研究相对较

> 少,尤其是针对×××公司这样的特定企业的研究几乎空白。另一方面,在宽带薪酬设计的具体实施过程中,还存在一些问题和争议。例如,如何确定薪酬带宽、如何进行职位评估等。

2. 阐述研究目的及意义

1) 阐述研究目的

当毕业论文答辩时,清晰地阐述论文目的是非常关键的一步。论文目的是整个研究的核心指引,要明确告诉大家你进行这项研究究竟是为了达到什么具体目标。例如,是为了验证某个理论假设;抑或是为了解决一个实际存在的问题。在阐述研究目的时,学生要尽可能具体而精确地表达出来,让答辩委员能迅速抓住研究的核心意图。例如,"此次研究,旨在找到×××具体解决方案或答案,以应对×××面临的挑战或问题。"

示例 7-2

> **研究目的阐述示例**
>
> 本次研究的目的在于解决×××公司当前职位薪酬体系中存在的激励不足、公平性欠佳等实际问题。本研究旨在为×××公司设计一套科学合理、具有竞争力的基于宽带薪酬的职位薪酬体系,以应对公司在人才吸引和保留方面面临的挑战。具体来说,通过对宽带薪酬理论的深入研究和实践应用,研究期望能够提高员工的工作积极性和满意度,促进公司的绩效提升和可持续发展。

2) 阐述研究意义

论文的研究意义体现了研究的价值和重要性。从理论意义方面来说,研究可能为某个理论的实际应用提供新的证据支持、有助于完善现有理论体系、促进学科间的理论融合。例如,研究以××理论为基础,针对××展开深入分析。通过实证研究,进一步验证了××理论在××中的适用性,为××理论的实际应用提供了新的证据支持。

从实践意义方面来说,研究成果可能对实际工作、行业发展或社会进步产生积极影响。例如,这项研究的成果能够直接应用于××行业或场景,有助于改进工作流程、提高效率、解决实际问题等,具有显著的实践指导意义。

总之,在答辩中准确、清晰地阐述论文的目的和意义,能让答辩委员更好地理解论文研究的价值和重要性,为答辩的成功奠定良好基础。

示例 7-3

> **研究意义阐述示例**
>
> 基于宽带薪酬设计的×××公司职位薪酬体系研究具有重要的理论和实践意义。首先,研究以现代薪酬管理理论为基础,针对×××公司职位薪酬体系展开深入分析。通过对宽带薪酬设计在该公司的具体应用进行实证研究,研究进一步验证了宽带薪酬理论在特定企业环境中的适用性,为宽带薪酬理论的实际应用提供了新的证据支持,丰富了该理论在不同类型企业中的应用案例。研究成果有助于改进公司的职位薪酬体系,使其更加科学、合理、公平。宽带薪酬设计激发了员工的工作积极性和创造力,提高了员工的工作满意度和忠诚度。同时,宽带薪酬设计也有助于企业吸引和留住优秀人才,提升企业的核心竞争力。

3. 阐述研究的主要工作

在毕业论文答辩中,学生需要清晰地阐述论文研究的主要工作。在这个过程中需着重说明以下几个方面。

首先,阐述论文研究中的调查工作。学生要讲明为了获取研究数据所采用的具体调查方法,如问卷调查、实地访谈、文献研究等。学生还要详细描述调查的对象、范围以及样本的选取方式。例如,"研究通过对

×××人员进行广泛的问卷调查,共回收了×××份有效问卷,以全面了解×××问题。"

调查工作阐述示例

为了获取关于×××公司职位薪酬体系的相关数据,我们采用问卷调查、实地访谈和文献研究相结合的方法。

首先,我们针对×××公司的员工进行了问卷调查。调查对象涵盖了公司各个部门、不同职位层级的员工,共计发放问卷××份,回收有效问卷××份。通过问卷调查,我们全面了解了员工对当前职位薪酬体系的满意度、期望以及对宽带薪酬的认知程度等问题。

其次,我们对公司的人力资源管理人员和部分中高层领导进行了实地访谈。访谈范围包括公司的薪酬策略、绩效考核体系以及对宽带薪酬设计的看法等方面。通过实地访谈,我们深入了解了公司职位薪酬体系的实际运行情况和存在的问题。

最后,我们进行了广泛的文献研究,查阅了国内外关于宽带薪酬设计和职位薪酬体系的相关文献,为研究提供了理论支持。

其次,阐述数据分析部分。学生要阐述对所收集到的数据或信息进行分析的过程和方法是运用了定量分析还是定性分析,或者是两者结合,并解释是如何从大量的数据中提取出有价值的结论和观点的。例如,"运用×××分析工具或方法对调查数据进行深入分析,发现了×××分析结果和结论。"

示例 7-5

数据分析阐述示例

定量分析方面,我们首先收集了×××公司员工的薪酬数据,包括基本工资、绩效奖金、福利补贴等各项具体数值。我们运用统计学软件对这些数据进行描述性统计分析,计算出平均薪酬、薪酬中位数、薪酬标准差等指标,从而对公司整体薪酬水平有了一个直观的认识。例如,分析发现公司目前的平均薪酬处于同行业中等水平,但薪酬标准差较大,说明薪酬分布不够均衡。

定性分析方面,我们对公司的管理层、人力资源部门负责人以及部分员工进行了深入访谈。通过访谈了解他们对公司现行薪酬体系的看法、满意度以及改进建议。同时,我们还对公司的企业文化、发展战略等方面进行了分析,以确定薪酬体系与公司整体战略的契合度。例如,在访谈中我们发现员工普遍认为公司的薪酬体系缺乏透明度,不清楚自己的薪酬是如何确定的,这在一定程度上影响了员工的工作积极性。

综合定量分析和定性分析的结果,我们得出以下结论和观点:

(1) 公司目前的薪酬体系在职位因素的体现上较为突出,但在绩效因素和薪酬透明度方面存在不足。

(2) 薪酬分布不均衡,公司需要进一步优化薪酬结构,以提高薪酬的公平性和激励性。

(3) 公司应加强薪酬体系的沟通与宣传,提高员工对薪酬体系的理解和满意度。

最后,阐述对策部分。学生要说明基于研究分析得出的结果,提出了哪些具体的应对策略或建议。这些对策应具有针对性和可行性,能够切实解决研究中发现的问题或满足特定的需求。例如,"针对分析结果,提出了×××对策,以改善×××相关情况。"

在阐述以上内容的过程中,学生要注意条理清晰、逻辑连贯,让答辩委员能够清晰地理解你的研究过程和成果。同时,学生要结合实例和数据进行说明,增强说服力和可信度。

通过全面而准确地介绍论文研究的主要工作,学生能够充分展示在整个研究过程中的努力和成果,为答辩的成功打下坚实基础。

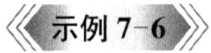

对策阐述示例

针对分析结果,我们提出了以下对策,以改善×××公司职位薪酬体系的相关问题。

1. 优化薪酬结构

基于宽带薪酬理念,重新划分薪酬等级。我们将原来较为狭窄的薪酬等级拓宽为多个宽带区间,每个区间对应不同的职位等级和能力要求。例如,我们将技术岗位分为初、中、高三个宽带区间,每个区间的薪酬范围更大,为员工的职业发展提供更多的晋升空间。

2. 加强薪酬沟通与透明度

建立定期的薪酬沟通机制。公司管理层和人力资源部门应定期与员工进行薪酬沟通,向员工解释薪酬体系的设计原则、计算方法和调整机制。薪酬沟通可以通过员工大会、部门会议、一对一沟通等方式进行。

3. 完善绩效评估体系

制定科学合理的绩效评估指标。根据不同职位的特点和工作要求,制定具体、可量化的绩效评估指标。例如,销售岗位设定销售额、客户满意度等指标;技术岗位设定项目完成情况、技术创新能力等指标。

以上对策的实施可以有效改善×××公司职位薪酬体系存在的问题,提高薪酬的公平性、激励性和竞争力,为公司的发展提供有力的支持。

4. 主要结论与展望

在毕业论文答辩的尾声,阐述论文研究的主要结论与展望是不可或缺的重要环节。

关于主要结论,学生需明确而精炼地总结出研究得出的核心观点和成果。例如,"研究得出以下主要结论:其一,×××,这一发现对理解×××领域或现象具有重要意义;其二,×××,它为后续的实践应用提供了有力依据。"学生要将最重要、最具代表性的结论清晰地呈现出来,让答辩委员能够快速抓住研究的核心成果。

而对于展望,学生要展现出对未来研究的思考和期待。展望可以从以下几个方面展开:首先,学生可以提及研究中存在的局限性,以及如何在未来的研究中加以改进和完善,例如,"鉴于研究的局限性方面,未来可进一步深入探讨×××的具体改进方向"。其次,学生指出该研究领域中尚待探索的新方向或新问题,"在未来,×××新的研究方向或问题值得深入研究,以拓展该领域的知识边界"。最后,学生也可以表达对后续研究能够产生更大价值和影响的期望,"希望未来的研究能在此基础上取得更丰硕的成果,为×××领域或社会带来更多积极的影响"。

在阐述过程中,学生要保持条理清晰、逻辑连贯,让答辩委员能够清晰地理解你的总结和对未来的思考。准确而全面地阐述论文研究的主要结论与展望为毕业论文答辩画上一个圆满的句号。

示例 7-7

主要结论与展望示例

一、主要结论

其一,宽带薪酬设计能拓宽员工职业发展通道,打破职位晋升对薪酬提升的限制,激发员工积极性和创造力。其二,基于宽带薪酬的职位薪酬体系可更好适应企业战略发展需求,使薪酬与企业战略紧密结合。其三,定量与定性分析结合的方法,全面准确揭示了×××公司职位薪酬体系的问题与优势。

二、展望

此次研究样本有限且数据收集可能存在主观性。未来可扩大样

> 本范围，引入第三方数据，提高客观性与准确性。未来可深入研究如何优化宽带薪酬设计中的绩效评估体系，以及利用新技术优化薪酬管理。期望后续研究为企业薪酬管理带来创新理念和方法，为社会人力资源合理配置和经济发展作出贡献。

三、评阅质询准备

1. 深入理解论文

深入理解论文是答辩质询准备的基础和关键。首先，学生要对论文的整体架构有清晰的把握。明确论文由哪些章节构成，各章节之间的逻辑关系是怎样的，从引言到研究方法、结果分析再到结论，整个脉络要了然于心。引言部分，学生要深知研究背景、目的和意义的具体内容，理解为什么要开展这项研究，以及它对学术领域和实际应用的重要性。研究方法部分要精通所采用的具体方法、技术和手段，清楚这些方法的优势与局限性，以及它们是如何确保研究的科学性和可靠性的。结果分析部分，学生要对得出的各项数据、图表和结论有深刻的认识，能够详细解释每一个结果的产生原因、背后的逻辑以及与研究假设的关联。结论部分更是重中之重，学生要明确自己总结出的核心结论是什么，这些结论如何从研究结果中推导得出，以及它们在学术领域中的地位和价值。

其次，学生还需要对论文中涉及的专业术语、概念有精准的理解，能够用准确的语言进行解释和阐述。同时，学生要注意论文中可能存在的细节问题，如引用文献的准确性、图表的标注等。

最后，只有全面、深入、细致地理解论文，学生才能在答辩质询中自信地回答各种问题，清晰地阐述论文的核心内容和价值，展现出扎实的学术素养和对研究工作的深刻把握。

2. 预测可能的问题

在答辩过程中，答辩委员可能会围绕着以下几个方面进行提问。

与研究主题直接相关的问题会被优先提问。例如，学生如果研究的是某个特定技术的应用,可能会被问到该技术在不同场景下的适用性、与其他类似技术的比较优势等。

从研究方法的角度来看,学生可能会被质疑方法选择的合理性、该方法可能存在的偏差或误差,以及是否有其他替代方法可以更好地实现研究目的。

关于研究结果,学生可能会被询问某些结果出现的原因、结果的稳定性和可靠性,以及是否存在其他可能的解释。

对于研究的创新性,学生可能会被要求详细说明研究的创新点具体体现在哪里,研究与已有研究的区别和独特价值。

在研究的局限性方面,学生可能会被追问哪些因素可能影响研究的全面性和准确性,以及如何看待这些局限性对结论的影响。

从理论基础的角度,学生可能会被问所依据的理论是否恰当、理论与实际研究的结合是否紧密。

问题还可能涉及研究的实际应用价值,例如,如何将研究成果转化到实际场景中,研究成果对相关领域或行业可能产生的影响。

一些关于研究细节的问题也可能被提出。例如,某些数据的获取途径、实验过程中遇到的特殊情况等。

学生应全面考虑这些方面,尽可能广泛地预测可能出现的问题,从而更好地进行答辩质询的准备。学生最好能够把预测到的问题逐一列出,形成一个问题清单。学生需要对每个问题进行认真思考,准备详细而准确的回答。

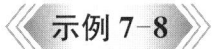

答辩质询中常见问题示例

1. 请详细说明你的研究方法选择的依据是什么?
2. 你的研究结果与前人的研究有哪些不同之处,你该如何解释这些差异?

> 3. 你在研究过程中遇到了哪些困难,你是如何解决的?
> 4. 你的研究结论的可靠性如何保证?
> 5. 对于研究的局限性,你是怎么看待的?
> 6. 研究结果对实际应用有怎样的指导意义?
> 7. 请举例说明你的研究创新点具体体现在哪些方面。
> 8. 论文中某些数据或论据的来源是什么?
> 9. 你的研究是否考虑了其他可能的影响因素?
> 10. 如果有机会重新进行这项研究,你会在哪些方面做出改进?
> 11. 研究的理论基础是什么,研究如何将理论与实践相结合?
> 12. 你的研究对该领域的发展有怎样的推动作用?
> 13. 在研究过程中是否存在主观因素的影响,你是如何克服的?
> 14. 研究结果是否具有普遍适用性?
> 15. 相关文献综述是否全面,有没有遗漏重要的研究成果?

3. 准备回答思路

对于每个问题,确定清晰的回答思路。学生可以按照"明确问题-阐述观点-提供证据-总结回应"的步骤来组织回答,确保回答的逻辑性和连贯性。

4. 强化论据支撑

学生应确保对回答中所涉及的论据有扎实的掌握,能够准确引用相关数据、案例、文献等对回答进行有力的支持。

通过以上这些方面的充分准备,同学们将能够更加从容地应对毕业论文答辩中的质询环节,提高毕业论文答辩的成功率和质量。

总之,毕业论文答辩的深入探讨,旨在为同学们提供全面且系统的指导。毕业论文答辩不仅是学业的关键环节,更是对同学们知识掌握、能力运用和素质养成的综合考量。在这一过程中,同学们将展示自己的研究成果,与专家学者进行学术交流,从中汲取宝贵的经验和建议。希望同学们以严谨的态度、充分的准备和自信的表现迎接毕业论文答辩,为自己的大学生涯交上一份满意的答卷。

第三节 论文答辩后程序

一、答辩后论文修改

在完成论文答辩后,学生根据答辩意见修改论文是提升论文质量的关键步骤。

仔细梳理答辩过程中评委提出的意见和建议至关重要。学生将这些意见分类整理,例如,内容科学性方面的意见、逻辑结构方面的问题以及完整性的不足等。对于指出的科学性问题,学生要重新审视研究方法的合理性、数据的准确性以及结论的可靠性。如果答辩委员认为某些数据来源不够可靠,那就需要进一步查证更权威的资料来替换原有数据,或者重新进行实验、调查以获取更准确的数据支持。

在逻辑性方面,学生检查论文的章节结构是否合理,各部分内容之间的过渡是否自然流畅。如果存在逻辑不清晰的地方,学生可能需要重新调整论文的段落顺序,添加过渡性语句或章节标题,使读者能够更轻松地理解论文的论证过程。例如,若答辩委员提出某个观点的论证过程跳跃性较大,学生就需要补充中间的推理环节,详细阐述从前提到结论的推导过程。

在完整性方面,学生需考虑是否有重要的内容被遗漏,这些问题可能是对某个概念的解释不够全面,或者在讨论某个问题时没有涵盖所有相关的因素。这时学生需要进一步查阅文献,补充完善相关内容,确保论文对研究问题的阐述没有重大缺失。

在修改过程中,学生要保持严谨的态度,逐字逐句地斟酌每一个表述,确保语言准确、简洁、清晰。同时,学生也要注意格式规范,统一字体、字号、行距等,使论文在形式上也符合学术要求。认真对待答辩意见并进行针对性的修改和完善,可以极大地提高论文的质量,使其更具科学性、逻辑性和完整性。

二、审核论文终稿

审核论文终稿是确保论文质量的重要环节。在修改完成后,学生对论文进行细致的检查至关重要。

首先,从格式方面入手。学生应检查论文是否符合学校或学术期刊规定的格式要求。这包括页面设置,如页边距、纸张大小等;字体和字号是否统一,标题的层级格式是否规范;参考文献的格式是否准确,是否包含了所有必要的信息,如作者、题目、出版年份、期刊名称等。格式的规范统一不仅能提升论文的专业性,而且便于读者阅读和引用。

其次,仔细检查语法问题。学生应逐句阅读论文,查看句子结构是否完整、合理。注意主谓一致、时态一致等基本语法规则。避免出现句子成分残缺、搭配不当等错误。复杂的长句可以尝试拆分成几个简单的句子,以增强表达的清晰度。同时,学生应留意标点符号的使用,确保标点符号的正确运用能够准确传达句子的意思。

再次,拼写检查也不能忽视。学生可以利用文字处理软件的拼写检查功能对论文进行初步筛查,但不能完全依赖软件。因为有些专业术语或特定的人名、地名可能会被误判。所以,要结合人工检查,尤其要注意容易混淆的单词,如"its"和"it's","there""their"和"they're"等。

最后,学生还可以请同学或老师帮忙审阅论文。他人往往能够发现自己不易察觉的问题,提供宝贵的意见和建议。学生可以通过多方面的审核和检查,确保论文在格式、语法、拼写等方面都达到较高的质量标准,为论文的最终提交做好充分准备。

三、提交最终版本

提交最终版本是论文完成的重要一步。学生要明确学校或学院对于提交的论文的具体要求,包括提交的截止日期、提交的方式以及所需提交的材料内容。

对于纸质版论文的提交,学生应选用质量较好的纸张进行打印,确保打印效果清晰、整洁。在打印前,学生应再次核对论文的页面设置、字体格式等是否符合要求,避免出现因格式问题导致的不美观或不符合规范的情况。打印完成后,学生应按照要求进行装订,学生可以选择合适的装订方式,如订书钉装订、胶装等,确保纸质版论文的牢固性和规范性。同时,在纸质版的论文的封面或指定位置上,学生应准确填写论文题目、作者姓名、学号、指导教师等必要信息,以便相关部门能够快速识别和归档。

电子版论文的提交同样需要被认真对待。论文通常需要保存为特定的文件格式,如 PDF 格式,以确保电子版论文在不同设备上都能正确显示且格式不会发生变化。在命名文件时,学生要按照学校的要求进行规范命名,文件名称一般包含论文题目、作者姓名、学号等信息,以便于管理和查找。在提交电子版之前,学生最好再次打开文件检查内容是否完整、有无乱码等问题。学生可以发送给自己的邮箱或在不同设备上打开文件进行测试,确保电子版文件的质量。

无论是提交纸质版还是电子版论文,学生都要提前预留足够的时间,以应对可能出现的技术问题或意外情况。同时,学生要保存好提交的凭证,如提交成功的截图、回执等,以便日后查询。提交后,学生可适当关注提交状态,确保论文被顺利接收和处理。总之,学生应当认真按照要求提交最终版本,为整个论文的完成画上一个圆满的句号。

四、答辩后总结

1. 知识方面

在完成学士学位毕业论文答辩后,学生需要认真反思自己在专业知识上的欠缺之处。这可能体现在对某些核心理论的理解不够深入,在运用专业知识分析实际问题时感到吃力,或者对特定研究领域的前沿动态掌握不足。例如,在论文写作过程中,学生可能发现自己对某些统计方法的原理和应用不够熟悉,导致数据分析结果的可靠性受到影响。

为了弥补这些不足,学生应该制订详细的后续学习计划。首先,学生可以列出一份专业书籍和学术文献的阅读清单,涵盖自己薄弱的知识领域。例如,如果在某个学科的基础理论方面存在欠缺,学生可以选择该领域的经典教材和权威著作进行系统学习。同时,学生应当关注学术期刊和研究机构的最新研究成果,及时了解专业领域的发展趋势。

参加学术讲座、研讨会和培训课程也是提升专业知识的有效途径。这些活动可以让我们接触到行业内的专家学者,学习他们的研究方法和最新成果。此外,学生还可以考虑加入学术社团或研究小组,与同行进行交流和合作,共同探讨专业问题,拓宽自己的知识面。

制订学习计划时,学生要合理安排时间,确保有足够的时间投入到学习中。学生可以将学习任务分解为具体的小目标,为每个小目标设定一个合理的完成时间,以便更好地监督自己的学习进度。同时,学生要定期对学习效果进行评估,根据评估结果调整学习计划,确保学习计划的有效性。

2. 能力方面

1) 问题解决能力

在论文写作和答辩过程中,学生可能会遇到各种问题,如研究方法的选择、数据收集和分析、论文结构的调整等。通过这些问题的解决,学生可以发现自己在问题解决能力方面的不足。例如,在面对复杂问题时,学生可能会感到无从下手,或者在解决问题的过程中缺乏系统性和创新性。

为了提升问题解决能力,学生可以采取以下措施。首先,培养系统性思维,学会从多个角度分析问题,找出问题的根源和关键因素。解决问题可以采用问题分解的方法,将复杂问题分解为若干个小问题,逐一解决。其次,提高创新能力,尝试运用新的方法和思路解决问题。学生可以多阅读相关领域的创新案例,学习他人的创新经验,同时鼓励自己在解决问题的过程中大胆尝试新的方法。最后,学生可以加强实践锻炼,通过实际项目和案例分析,不断提高自己的问题解决能力。

2）批判性思维能力

批判性思维是学术研究和创新的重要基础。在论文写作过程中,学生需要对已有文献进行批判性分析,提出自己的观点和见解。然而,学生可能会发现自己在批判性思维能力方面存在不足,如对他人观点的盲目接受、缺乏独立思考等。

为了提升批判性思维能力,学生可以从以下几个方面入手。首先,学会质疑和提问,对所接触到的信息和观点保持怀疑态度,提出合理的问题。其次,深入地分析和评估问题,对不同的观点和论据进行客观的分析和比较,找出其合理性和局限性。最后,培养独立思考的能力,不随波逐流,敢于提出自己的独特见解。

3）沟通表达能力

良好的沟通表达能力是学术交流和合作的重要保障。在论文答辩和与导师、同学的交流过程中,学生可能会发现自己在沟通表达能力方面存在不足,如语言表达不清晰、逻辑混乱等。

为了提升沟通表达能力,学生可以采取以下措施。首先,提高语言表达能力,多阅读优秀的文学作品和学术论文,学习他人的语言表达技巧。注重语言的准确性和规范性,避免使用模糊不清或错误的语言。其次,加强逻辑思维训练,学会有条理地组织自己的观点和论据,使表达更加清晰和有说服力。最后,多进行口头和书面表达的练习,如参加演讲比赛、撰写学术论文等,不断提高自己的沟通表达能力。

3. 时间管理方面

反思整个论文写作过程中的时间安排是否合理是非常重要的。学生可能会发现自己在某些阶段浪费了过多的时间,或者在一些关键节点上没有合理分配时间。例如,学生在资料收集阶段花费了过长的时间,导致写作时间紧张;或者在论文修改阶段没有合理安排时间,导致修改不充分。

为了在今后的任务中制定更有效的时间管理策略,学生可以明确任务的目标和期限。在开始一项任务之前,学生要先清楚地知道任务的具体要求和完成时间，以便更好地规划时间，再将任务分解为具体的小目标，并为每个小目标设定合理的时间节点。这样可以使任务更加具体和可操作，同时也便于监督自己的进度。

制定详细的时间表是时间管理的重要手段。学生可以根据任务的优先级和时间节点，合理安排每天的学习和工作时间。在制定时间表时，学生要充分考虑自己的学习习惯和效率高峰期，合理分配时间给不同的任务。同时，学生要预留一定的弹性时间，以应对突发情况和不可预见的任务。

学会合理分配时间给不同的任务也是非常重要的。根据任务的重要性和紧急程度进行优先级排序，优先完成重要且紧急的任务。同时，学生要避免在一些不重要的任务上花费过多的时间，以免影响整体进度。

在执行时间管理计划的过程中，学生要不断进行自我监督和调整。学生可以定期检查自己的进度是否符合时间表的要求，如果发现进度滞后，学生要及时分析原因并采取相应的措施进行调整。同时，学生要根据实际情况不断优化时间管理策略，提高时间的利用效率。

总之，在总结过程中，学生要保持客观、理性的态度，认真对待自己的优点和不足，以实现更好的成长和进步。

学习效果达成训练

一、知识体系自主建构训练

1. 请你运用思维导图等方法对本章内容进行系统化总结。
2. 根据你对毕业论文答辩的理解,结合专业特点谈谈你对毕业论文答辩环节的认识。你认为如何才能更好地完成论文答辩?

二、知识运用与能力生成训练

1. 请自选一篇学位论文(知网等平台搜索或阅读往届学长论文),按照"研究背景、研究的目的与意义、研究方法与思路、论文所做的主要工作,主要结论和展望"几个组成部分撰写一篇答辩稿,并制作5分钟的答辩PPT。
2. 针对完成上一题的实践体会,谈谈你对撰写毕业论文答辩稿的认识。

三、高阶思维意识生成训练

1. 请结合你的实践过程,用马克思主义的系统观、矛盾分析方法等理念,进一步审视你的答辩设计,请特别思考这些理念在你的答辩设计中是如何体现的。
2. 针对你对撰写答辩稿的体会,谈谈你对论文答辩准备过程在未来工作中的借鉴意义的认识。

参考文献

[1] 杜永红,秦效宏,梁林蒙.论文写作[M].北京:清华大学出版社,2021.

[2] 丁斌.大学生毕业论文写作:从快速入门到融会贯通[M].北京:清华大学出版社,2023.

[3] 徐运保.本科经济管理专业毕业论文撰写指南[M].2版.西安:西安交通大学出版社,2016.

[4] 翟帅,张立,钱晨绯.大学生毕业论文写作[M].成都:电子科技大学出版社,2017.

[5] 张言彩.文献检索与毕业论文写作[M].成都:电子科技大学出版社,2017.

[6] 杨利红.学位论文写作教程[M].西安:西业工业大学出版社,2018.

[7] 向永胜,古家军,何静等.现代管理研究方法与论文写作[M].杭州:浙江大学出版社,2020.

[8] 武丽志,陈小兰.毕业论文写作与答辩[M].北京:高等教育出版社,2020.

[9] 胡剑锋.毕业论文(设计)写作与答辩指导[M].上海:华东师范大学出版社,2015.

[10] 芭芭拉·明托.金字塔原理[M].汪洱,译.海口:南海出版公司,2019.

[11] 吴秀明,李友良,张晓燕.文科类学生毕业论文写作指导[M].杭州:

浙江大学出版社,2021.

[12] 罗伊娜·默里巴别塔.怎样顺利通过答辩[M].高娟,译.3版.北京:新华出版社,2021.

[13] 王世民.思维力:高效的系统思维[M].2版.北京:电子工业出版社,2021.

[14] 戎华刚,张英丽.学位论文写作与指导[M].北京:清华大学出版社,2023.

[15] 黎甜.结构化思维[M].北京:文化发展出版社,2019.

[16] 郝建华,王雅戈.科技文献检索与论文写作[M].南京:南京大学出版社,2021.

[17] 蔡基刚.国际SCI期刊论文写作与发表[M].上海:复旦大学出版社,2020.

[18] 张波,吴婷,许沁乔.经管类本科毕业论文写作指导[M].南京:南京大学出版社,2019.

[19] 罗爱华.大学生论文写作基础[M].北京:中国书籍出版社,2020.

[20] 王用源.写作与沟通[M].北京:人民邮电出版社,2021.

[21] 周新年.科学研究方法与学术论文写作[M].2版.北京:科学出版社,2023.

[22] 严蓓蓓,冒志祥.大学应用写作教程[M].南京:南京大学出版社,2019.

[23] 赵公民,聂锋.经济管理类毕业论文写作与答辩[M].北京:高等教育出版社,2021.

[24] 武丽志,陈小兰.本科论文写作指南[M].北京:清华大学出版社,2011.

[25] 余爱民,张力丹.如何写好调查研究报告[M].北京:国家行政学院出版社,2023.

[26] 付伟,罗明灿.科学研究方法与论文写作[M].北京:经济管理出版社,2024.

[27] 谢慧明.经济学实证论文写作讲义:方法与应用[M].北京:经济科学出版社,2024.

[28] 约翰尼·布莱尔,罗纳德·F.扎加,爱德华·A.布莱尔.抽样调查设计:问卷、访谈和数据收集[M].沈崇麟,译.重庆:重庆大学出版社,2022.

[39] 翟振武.社会调查问卷设计与应用[M].北京:中国人民大学出版社,2019.

[30] 丛日玉.调查问卷设计与处理分析[M].北京:中国统计出版社,2017.

[31] 何晓斌,孙枭雄.怎么做调研,如何写报告[M].北京:人民邮电出版社,2023.

[32] 余锦河,蔡茂,马博翔.调研报告写作精讲:方法、步骤及案例[M].北京:人民邮电出版社,2023.

[33] 刘哲.从调查研究到调查报告:如何成为调研报告写作高手[M].北京:人民邮电出版社,2024.